영혼의
계절들

IVP(InterVarsity Press)는
캠퍼스와 세상 속의 하나님 나라 운동을 지향하는
IVF(InterVarsity Christian Fellowship)의 출판부로
생각하는 그리스도인을 위한 문서 운동을 실천합니다.

Originally published by InterVarsity Press
as *Seasons of the Soul* by Bruce Demarest
ⓒ 2009 by Bruce Demarest
Translated and printed by permission of InterVarsity Press,
P. O. Box 1400, Downers Grove, IL. 60515, U. S. A.
All rights reserved.

Korean Edition ⓒ 2013 by Korea InterVarsity Press
156-10 Donggyo-Ro, Mapo-Gu, Seoul 04031, Korea

영혼의
계절들

브루스 데머레스트 | 윤종석

차례

감사의 말　7

머리말　9

그리스도인의 삶은 하나의 여정이다 | 여정은 계절들로 이루어진다 | 발달심리학의 도움 | 한 가지 유익한 패러다임 | 성경과 역사의 자료 | 이 책과 영성 계발

방향이 정해지다

1. 새 생명의 씨앗　19

그리스도 안의 새 생명 | 구원의 기쁨 | 타락한 본성과의 싸움 | 현대의 사례들 | 유혹과 쾌락 | 지식과 행위 | 영적 유아기와 사춘기 | 그 밖의 위험 요소들 | 전진하는 삶

방향이 어긋나다

2. 고통의 시절　47

장밋빛 인생? | 삶의 시련은 피할 수 없다 | 시련은 영혼의 안전을 위협한다 | 구약 시대 사람들의 경험 | 신약 시대 사람들의 동참 | 기독교 역사에서 방향이 어긋난 사례들 | 내 삶에 찾아온 고통 | 시련과 고난의 구속적 결과 | 극단적인 금욕의 고통 | 시련 중의 위로

3. 고난의 원인　75

죄성을 지닌 인간의 마음 | 타락한 세상 질서 | 사탄과 귀신들 | 인생의 고달프고 불운한 일들 | 힘겨운 중년의 전환기 | 하나님의 영 | 고난의 계절은 곧 구속의 계절이다

4. 영혼의 어둔 밤　99

성경의 풍부한 사례 | 잘 알려진 그리스도인들의 경험 | 십자가의 요한의 설명 | 다른 그리스도인 권위자들의 해석 | 복음주의적 관점으로 본 영혼의 어둔 밤 | 어둔 밤과 우울증 | 어둔 밤은 변화를 낳는다

5. 구속의 반응　　129

하나님의 몫, 제자들의 몫 | 알고 있는 모든 죄를 버린다 | 하나님의 사랑을 확신한다 | 괴로운 심정을 하나님께 표현한다 | 모든 것을 하나님께 맡긴다 | 하나님의 경륜 속에서 고난의 가치를 인식한다 | "내면의 시내 산"을 향한 여정에 오른다 | 과거에 베푸신 자비를 인해 하나님을 찬양한다 | 영적인 길동무와 함께 걷는다 | 다른 사람들에게 자신을 내준다 | 용기를 내고, 절대 포기하지 않는다!

방향이 회복되다

6. 부활의 첫맛　　159

새로운 조명 | 부활의 광채 | 친밀한 연합 | 새로운 치유 | 지혜 | 다시 어린아이가 됨 | 바깥으로 향하는 여정 | 사랑 가운데 살아간다 | 영원한 세계를 관상한다 | 마침내 그분처럼 된다

맺음말　　189

목표는 정해져 있다 | 예수님이 곧 우리의 노정이다 | 고난은 피할 수 없다 | 틀은 반복된다 | 진보는 지속적인 과정이다 | 마침내 종착점에 도달하는 기쁨

부록: 영적 여정에 대한 고전과 현대의 여러 패러다임　　203

주　　216

인명 찾아보기　　231

성구 찾아보기　　233

감사의 말

무엇보다 이 책을 끝마칠 수 있도록 인내와 자비를 베풀어 준 내 평생의 반려자이자 동료 순례자인 엘시에게 감사한다. 덴버 신학대학원에서 그리스도인의 영성 형성 및 영혼 돌봄을 공부하는 석사 과정 학생들에게도 감사한다. 그들은 수업 중의 토론과 개인적인 대화를 통해 내 사고에 큰 자극을 주었다. 아울러 주에서 밝힐 원전을 훌륭하게 조사해 준 재닛 번트락 목사에게도 마땅히 감사를 전한다.

머리말

너희의 하나님 여호와[는]…너희보다 먼저 그 길을 가시며 장막 칠 곳을 찾으시고
밤에는 불로, 낮에는 구름으로 너희가 갈 길을 지시하신 자이시니라.

신명기 1:32-33

그리스도인의 삶은 하나의 여정이다

우리는 웅장한 국립공원, 평온한 바닷가, 낭만적인 해외 명소 등 좋은 곳으로 여행 다니기를 좋아한다. 계획을 세울 때부터 이동, 도착, 체류까지 모든 것이 즐겁고, 그것들이 모여 신나는 여정을 이룬다. 재미있는 곳으로 떠나는 여행은 몸과 영혼에 활력소가 되고 새 힘을 준다.

성경에서 여정은 그리스도인의 삶의 시작부터 끝까지를 표현하는 하나의 두드러진 은유다. 그리스도인의 삶은 정처 없는 방황이 아니라 영적 성숙을 향한 도전적이고 때로 알쏭달쏭한 순례이며, 그 종착점은 우리의 천국 집이다. 래리 크랩(Larry Crabb)의 말마따나 "삶이란 아직 보지 못한 나라로 가는 여정이며, 우리는 간혹 길을 찾지 못할 때도 있다. 삶이란 자신의 운명과 집을 찾아가는 영혼의 여정이다."[1) 이 여정의 만만치 않은 노정과 그 목적지인 천성(天城)이 존 버니언(John Bunyan)의 고전 「천로역정」(The Pilgrim's Progress)에 잘 나타나 있다.

여정의 이미지는 성경 곳곳에 나타난다. 하나님은 아브라함에게 갈대아 우르를 떠나 미지의 땅으로 가는 믿음의 여정을 명하셨다(창 12:1-2). 모세의 인도로 사상 최대의 여정에 오른 이스라엘 백성은 이집트의 노예 생활에서 벗어나 홍해를 건너고 40년간 광야에서 방황하다 마침내 약속의 땅에 들어갔다. 누가복음의 이야기에 나오는 둘째 아들은 먼 나라로 여행을 떠나 허랑방탕하게 살다가 결국 정신을 차리고 귀향의 여정에 오른다. 복음서를 보면, 예수님은 갈릴리를 떠나 팔레스타인을 거쳐 예루살렘에 이르는 여정의 끝에서 십자가에서 죽으시고 부활하셨다. 예수님이 시작하신 운동은 "주의 도(道)"(행 18:25)로 알려지는데, 그 개척자(히 12:2)이자 이 세상을 통과하는 길(요 14:6)은 우리 주님 자신이시다. 히브리서에는 그리스도인의 삶이 이 덧없는 세상을 지나 하늘의 도성에 이르는 나그네 길로 그려져 있다(히 11:8-10, 13-16; 13:14).

그리스도인의 삶이라는 여정에는 개인적인 면과 공동체적인 면이 공존한다. 우리는 각자 단독으로 이 세상에 태어나 도중에 단독으로 하나님을 만난다. 여정이 끝날 때도 하나님의 심판대 앞에 단독으로 서서 삶을 회계하게 된다. 그러나 동시에 우리는 이 길을 그리스도 안의 신실한 형제자매들과 함께 간다. 그들은 힘들어하는 우리를 격려해 주며, 목표를 향해 계속 가게 해준다. 귀향의 여정에 능력을 주시는 분은 하나님이지만, 정작 살아내는 것은 우리의 몫이다. 하나님이 은혜로 우리를 이 여정으로 불러 주시지만, 우리 쪽에서 그분의 초청에 신뢰와 순종으로 반응해야 한다.

여정은 계절들로 이루어진다

젊었을 때만 해도 나는 그리스도인이 되면 그것으로 이미 다 된 것이라고 배웠다. 하지만 그리스도를 구주로 믿는 일은 영적 변화와 제자훈련이라는 평생의 과정에서 출발에 지나지 않는다. 우리는 영적 갓난아기로 여정을 시작하지만 하나님은 우리가 영적 성인으로 자라기를 원하신다. 바울은 "내가 어렸을 때에는 말하는 것이 어린아이와 같고 깨닫는 것이 어린아이와 같고 생각하는 것이 어린아이와 같다가 장성한 사람이 되어서는 어린아이의 일을 버렸노라"(고전 13:11)고 썼다.[2]

우리의 영적 여정은 여러 계절 또는 시기로 이루어지며(단계라는 말을 쓰는 사람들도 있다), 모세도 이스라엘 백성의 광야 여정을 두고 그렇게 말했다[민 33:1-2, 저자가 사용하는 NIV에는 "노정"이 "단계"(stages)로 되어 있다—역주]. 교부 이레나이우스(Irenaeus)는 이 진리를 이렇게 강조했다. "창조주께서는 언제나 동일하시지만, 피조물인 우리는 시작점이 있고 성장과 발전이라는 중간기를 거쳐야 한다. 바로 그 발전과 번성을 위해 하나님은 우리를 '생육하고 번성하라'는 성경 말씀에 꼭 맞게 지으셨다."[3] 목회 신학자 제임스 로더(James Loder)는 "단계별로 전환해 나가는 이 역동은 인생 전반에 걸쳐 작용하는 강력한 힘이다"[4]라고 말했다.

인간이 신체적·정서적으로 유년기에서 시작해 사춘기, 청년기, 중년기, 원숙기, 노년기로 발달해 가듯이, 그리스도인도 영적 계절들을 통과하면서 계속 성장해 나간다. 하지만 이미 지났던 영적 계절들을 다시 지나가기도 한다. 이전의 두려움과 실패를 또 겪으면서 중요한 영적 교훈을 다시 배우는 것이다.

영적 성장이 천국을 향해 일직선으로 뻗어나가는 경우는 거의 없으며, 그보다는 나선형을 그리며 점점 위로 올라가는 모양에 더 가깝다. 그리스도인의 영적 여정에는 시작과 중단과 이탈이 따르며 어떤 때는 이전 단계로 퇴행하기도 한다. 하나님은 우리를 성장과 성숙으로 불러 주시지만 우리에게는 그 은혜의 부름에 저항할 자유가 있고, 그래서 이따금씩 뒷걸음을 치기도 한다. 이생에서 순례의 길을 가는 동안에는 신자들 속에 여전히 죄성이 남아 있으므로, 변화의 여정은 평생에 걸쳐 부단히 지속된다.

발달심리학의 도움

성장과 성숙의 과정을 보여 주는 유익한 통찰들이 심리학에서도 제시되어 왔다. 발달심리학자들은 외적 환경에 예의주시하면서, 인간의 성격 형성을 인생 전체의 여러 단계라는 관점에서 연구한다. 인간이란 몸과 영/혼이 복잡하게 결합된 존재이므로 지성의 발달과 영혼의 발달은 서로 맞물려 있다. 그러므로 영혼이 진정성과 성숙을 향해 나아가는 여정은 영성 분야에서는 물론 전통 심리학에서도 연구 과제가 되고 있다.

인생 전반에 관한 학문적 연구는 인간이 영적으로 여러 계절 또는 시기를 통과한다는 개념을 뒷받침해 준다. 심리학자 에릭 에릭슨(Erik Erikson)은 심리적 발달을 여덟 단계로 제시했는데,[5] 그의 연구를 계기로 인생의 발달 단계와 중요한 각 전환기에 대한 인식이 더욱 깊어졌다. 또 하버드의 심리학자 로렌스 콜버그(Lawrence Kohlberg)는 도덕적 이성의 발달을 여섯 가지 순차적 단계로 제시했다.[6] 에릭슨과 콜버그는, 심리학자이자 감리교 목사이며 특히 신앙의 발달에 초점을 맞추어 연구한 제임스 파울러(James Fowler)의 사고에 영향을 미쳤다. 파울러의 6단계 패러다임은 인간이 **무엇을** 믿는가 하는 내용의 문제보다 **어떻게** 믿게 되는가 하는 과정의 문제를 다룬다.[7] 파울러는 신앙 발달의 단계들이 연속적으로 진행되면서 각 단계마다 이전 단계를 바탕으로 새로운 차원의 신앙을 형성한다고 보았다. 에릭슨과 콜버그와 파울러의 작업은 하나같이 인간이 여러 단계를 거쳐 발달한다는 관점을 지지해 준다. 우리도 이 책에서 그런 관점을 그리스도인의 삶에 접목시켜, 영혼의 발달을 여정이라는 모델로 살펴보고자 한다.

한 가지 유익한 패러다임

그동안 그리스도인 권위자들도 영적 여정에 대한 패러다임 혹은 모델을 많이 내놓았다(몇 가지 중요한 예를 부록에 소개했다). 그중에서 특히 내게 도움이 되는 것은 구약학자 월터 브루그만(Walter Brueggemann)이 제시한 거시적 패러다임이다. 그는 신앙 생활이란 세 부분으로 이루어진 과정을 하나님과 함께 거듭 통과해 나가는 것이라 보았다.[8]

브루그만의 모델에서 첫 번째 시기인 영적 출발은 확실히 **방향이 정해지는**(자리를 잡는) 시기다. 새로 믿어 하나님의 복을 경험하고 영적 여정에 오르는 단계라 할 수 있는데, 이 단계를 우리는 이스라엘 백성이 이집트에서 해방된 일에 견줄 수 있다. 두 번째 단계인 영적 시련기는 괴롭게 **방향이 어긋나는**(자리를 벗어나는) 시기다. 많은 씨름과 회의와 위기와 어쩌면 영혼의 어둔 밤까지도 경험하는 단계라 할 수 있는데, 이 단계는 이스라엘 백성이 광야에서 방황하던 시기와 비슷하다. 브루그만의 모델에서 세 번째 요소는 다시 확실히 **방향이 회복되는**(제자리로 돌아오는) 일이다. 즉, 영적 소생을 맛보고 하나님과의 관계가 깊어져 절망 대신 기쁨을 누리는 시기다. 이스라엘 백성이 가나안 땅에 들어간 일이 이 마지막 단계의 한 예라 할 수 있다.

브루그만에 따르면, 시편이 이 세 가지 표제에 딱 들어맞는다고 볼 수 있다. 시편은 이집트에서 가나안까지 가는 여정에서 이스라엘을 지켜 준 기도서다. 가톨릭 학자 리처드 번(Richard Byrne)도 "확실히 방향이 정해졌다가 괴롭게 방향이 어긋나고 다시 뜻밖에 방향을 회복하는 일이야말로 인생 여정에서 계속 되풀이되는 세 가지 기본적인 계절이다"라고 똑같이 말했다.[9]

성경과 역사의 자료

영적 여정의 윤곽을 더듬어 나가면서 우리가 사용할 자료의 일차적 출처는 성령의 감동으로 기록된 하나님의 말씀, 곧 성경이다. 하나님을 알고 사랑하고 섬기고자 애썼던 주요 성경 인물들의 여정을 수시로 살펴볼 것이다. 아울러 기독교 신앙의 전통으로 전해 내려온 주요 저작들도 우리의 길잡이가 되어 준다. 교회 안에 있는 우리는 장장 2천 년 기간에 달하는 기독교 신앙의 보고(寶庫)를 물려받았으면서도 그 진가를 모를 때가 있다. 지난날의 경건한 권위자들이 물려준 통찰들은 신앙 생활에 관한 소중한 주석이 되어, 오늘을 살아가는 그리스도인들의 삶에 참신한 시각을 던져 줄 수 있다. 그뿐 아니라 이 책에 우리 시대의 순례자들(가명을 사용했다)이 각자의 도전적인 여정에서 겪고 있는 일들도 소개해, 우리 여정에 귀감으로 삼고자 한다.

이 책과 영성 계발

영적 여정의 역동과 계절들을 함께 알아 가는 동안, 부디 당신이 우리가 부름받은 전인적인 변화를 이해하게 되기를 바란다. 오늘날의 순례자들이 어떻게 영적·정서적 성숙에 이를 수 있는지에 대해 이 공부가 전반적인 지침을 제시해 주리라 믿는다. 이 책을 통해 우리 모두 우리의 삶에 주도적으로 다가오시는 하나님께 더욱 진정성 있게 반응하기를, 또한 더욱 명실상부한 예수님의 제자가 되어 이 척박한 세상에서 다른 사람들을 섬기며 살아가기를 바란다. 이 공부를 통해 우리가 시험과 위기의 계절을 잘 관리하게 되고, 우리의 기도가 더 풍성해지고, 정서적 상처와 영적 상처가 치유되고, 그리스도와의 관계가 더 깊어지기를 기도한다. 아울러 그리스도인들이 어떻게 하나님의 부르심에 귀 기울이고, 지속적인 회심을 경험하고, 거룩함에서 자라 가고, 더욱 막힘없이 하나님을 섬길 것인가에 대해서도 이 책이 요긴한 빛이 되어 주기를 바란다.

영적 여정의 계절들과 역동을 이해하게 되면, 우리는 도전적인 인생 여정을 가고 있는 다른 사람들에게도 더욱 내실 있는 안내자가 되어 줄 수 있다. 이 책이 우리에게 이생을 향한 하나님의 고귀한 목적을 더 잘 깨닫게 해주리라 믿는다. 그 목적이란 바로 예수 그리스도의 형상과 모양을 닮아가는 가슴 벅찬 과정이다. 바울은 그것을 이렇게 표현했다. "우리가 다 수건을 벗은 얼굴로 거울을 보는 것같이 주의 영광을 보매 그와 같은 형상으로 변화하여 영광에서 영광에 이르니 곧 주의 영으로 말미암음이니라"(고후 3:18). 끝으로, 마침내 영원한 집에 기쁨으로 도달하는 그날까지 이 책을 통해 우리가 신실하고 용감하게 이 여정을 지속할 수 있기를 기도한다.

1

새 생명의 씨앗

내가 진실로 진실로 너희에게 이르노니
내 말을 듣고 또 나 보내신 이를 믿는 자는 영생을 얻었고…사망에서 생명으로 옮겼느니라.

요한복음 5:24

내 친구 섀런은 대학을 졸업하고 취직한 뒤에 내면에 깊은 불안을 경험했다. 장난삼아 강신술에 손을 대던 그녀는 얼마 후에 귀신의 세계에 깊이 빠져들었다. 그 어두운 영들은 겉으로는 광명의 천사로 행세하지만 실은 이루 말할 수 없이 악한 존재들이다. 곧 귀신들이 섀런의 생각을 지배하게 되면서 그녀의 결혼 생활은 파경을 맞았다. 섀런은 일체파 교회(Unity Church) 등 여러 이단에 도움을 청해 보았지만 아무런 소용이 없었다.

자살 충동까지 느끼게 된 그녀는 대학 시절의 한 친구를 찾아갔다. 마침 그리스도인인 그 친구는 섀런에게 예수 그리스도가 귀신들보다 강한 분임을 알려 주었다. 섀런은 예수님께 삶을 드리라는 친구의 권유에 긍정적인 반응을 보였으나 악한 영들이 계속 미움과 정욕의 생각들로 섀런의 마음을 공격했다. 그 집요한 세력에서 벗어나고자 그녀는 동네의 어느 복음주의 교회에 연락했고, 그곳의 목사는 그리스도의 권세가 그녀의 삶을 다스려 주시기를 구하며 악령들에게 떠날 것을 명했다. 마침내 섀런은 해방되어 그리스도와 함께하는 여정에 오를 수 있었다! 현재 섀런은 신학교를 마치고 기독교 기관을 세워 힘차게 그리스도를 전하고 있다.

그리스도 안의 새 생명

모든 이야기가 다 섀런처럼 극적이지는 않겠지만 모든 여정에는 출발점이 있다. 그리고 그리스도인의 순례 여정 출발점은 예수 그리스도를 믿기로 결단하는 회심의 순간

> "결국 기독교의 관심은 개인이나 단체에 있지 않고 한 새로운 피조물에 있다."
> _C. S. 루이스

이다. 우리는 성경을 비롯해 교회사, 현대의 저작들, 그 밖의 많은 곳에서 회심 이야기들을 볼 수 있다.

이를테면, 구약 성경의 룻이라는 인물은 남편이 죽은 뒤에 하나의 여정에 올랐다. 고국인 모압에 남지 않고 시어머니 나오미와 함께 이스라엘을 향해 길을 떠난 것이다. 이미 남편과 두 아들을 여읜 나오미는 룻에게 친정으로 돌아갈 것을 권했으나 룻은 이렇게 다짐했다. "어머니께서 가시는 곳에 나도 가고 어머니께서 머무시는 곳에서 나도 머물겠나이다. 어머니의 백성이 나의 백성이 되고 어머니의 하나님이 나의 하나님이 되시리니"(룻 1:16). 나오미가 평소 증인의 삶을 충실히 산 덕분에 이방인인 룻이 여호와의 복에 동참하게 되었고, 이 여정의 결과로 룻은 결국 보아스와 결혼해 다윗과 예수님의 조상이 되었다.

신약 성경에 나오는 다소의 사울이라는 인물은 바리새인의 아들로, 저명한 유대인 율법학자인 가말리엘 밑에서 수학했다. 자신의 표현으로 사울은 "히브리인 중의 히브리인이요 율법으로는 바리새인이요 열심으로는 교회를 박해하고 율법의 의로는 흠이 없는 자"(빌 3:5-6)였다. 사울은 신흥 기독교 운동이 유대교에 심각한 위협이 되고 있는 현실에 격분해, "교회를 잔멸할새 각 집에 들어가 남녀를 끌어다가 옥에 넘"겼다(행 8:3). 나중에 이 바리새인 광신도는 "주의 제자들에 대하여 여전히 위협과 살기가 등등하여"(행 9:1) 다마스쿠스에서 그리스도를 따르는 사람들을 잡아다 결박해 예루살렘으로 끌어오려고 대제사장의 승낙을 받아 냈다. 그런데 그 도시에 거의 다 갔을 무렵, 사울은 찬란한 빛의 형태로 나타나신 부활하신 그리스도를 만났다. 시력을 잃고 바닥에 고꾸라진 그는 결국 자기가 박해하던 그분께 자신의 삶을 내놓았다.

북아프리카의 교부인 히포의 아우구스티누스(Augustinus Hipponensis, 354-430)가 회심한 이야기도 그리스도 안에서 새 생명을 얻은 또 하나의 극적인 예다. 일찍이 그는 어머니 모니카가 믿던 기독교 신앙을 버리고 10년 가까이 여러 가지 고대 철학에 심취했다. 「참회록」에 고백했듯이, 그리스도인이 되기 전에 그의 삶은 거짓말, 도둑질, 정욕 등 온갖 악으로 점철되었다. 그가 가장 즐기던 유희 중 하나는 음란한 연극을 실컷 보는 것이었다. "극심한 혼란 속에 쾌락과 정욕이 한데 부글부글 끓으며 이 이기적인 청년을 욕망의 벼랑으로 떠밀어 수치스런 행동의 소용돌이 속에 빠뜨렸다."[1] 열일곱 살에 그는 정부(情婦)와의 사이에서 아들을 낳았다. 로마와 밀라노에서 가르칠 때도 그는 금지된 세계에서 쾌락을 추구하며 계속 문란하게 살았다. 그러는 내내 아우구스티누스는 영원한 진리와 내면을 채워 줄 양식에 굶주려 있었는데, 그 진리와 양식이 바로 삼위일체 하나님임을 나중에야 깨달았다.[2] 어머니의 끈질긴 기도와 밀라노 주교 히에로니무스(Hieronymus)의 설득력 있는 설교를 통해 아우구스티누스는 그리스도께 점점 가까워졌다.

아우구스티누스는 성경을 공부하면서 점차 기독교의 진리에 지적으로 동의하게 되었다. 마침내 386년에 그리스도를 따르기로 결단할 것인지를 두고 자신의 한적한 정원에서 고민하고 있는데, 자꾸만 "집어서 읽으라! 집어서 읽으라!"고 말하는 어린아이의 목소리가 들려왔다. 아우구스티누스는 사도 바울의 서신서를 들고 제일 먼저 눈에 들어오는 말씀을 읽었다. "방탕하거나 술 취하지 말며 음란하거나 호색하지 말며 다투거나 시기하지 말고 오직 주 예수 그리스도로 옷 입고 정욕을 위하여 육신의 일을 도모하지 말라"(롬 13:13-14). 이에 대해 나중에 아우구스티누스는 이렇게 고백했다. "더 이상 읽고 싶은 마음도 없었고 읽을 필요도 없었다. 마치 내 마음속에 쏟아져 들어오는 평화의 빛에 밀려나기라도 하듯, 모든 의심의 먹구름이 말끔히 걷혔다."³⁾ 아우구스티누스는 신앙의 학습을 거쳐 스승 암브로시우스(Ambrosius)에게 세례를 받고 성직자로 안수받았다. 그리고 30년이 넘도록 히포의 주교로 섬기면서 왕성하게 신학 서적을 저술했다.

　1963년에 작고한 C. S. 루이스(C. S. Lewis)는 무신론에서 낭만주의와 유신론을 차례로 거쳐 결국 그리스도를 믿기까지 파란만장한 여정을 지났다. 성장기에 그의 가정은 명목상 성공회 교회에 적을 두고 있었다. 그러나 열 살 때 어머니를 여의면서 어린 루이스는 하나님이 잔인한 존재까지는 몰라도 적어도 막연한 추상적 존재라는 결론을 내렸다. 그 후에 기숙 학교에서 실망스런 일들도 보고 제1차 세계대전의 참상도 겪으면서, 그는 하나님의 존재를 완전히 부인하게 되었다. "당시 나는 수많은 무신론자들이나 반(反)신론자들처럼 온갖 모순의 소용돌이 속에서 살아가고 있었다. 나는 하나님이 존재하지 않는다고 우겼다. 그러면서도 하나님이 존재하지 않는 것에 몹시 화가 났고, 하나님이 세상을 만든 것에 대해서도 똑같이 화가 났다."⁴⁾ 나중에 옥스퍼드의 교수가 되어서도 루이스는 하나님과 삶의 의미에 대해 더 많은 의문으로 고민했다. 그러나 여정 내내 성령께서 그의 마음속에 깊은 갈망이 자라나게 하셨다. 결국 조지 맥도널드(George MacDonald)와 G. K. 체스터튼(G. K. Chesterton) 같은 그리스도인 작가들과 J. R. R. 톨킨(J. R. R. Tolkien) 같은 그리스도인 친구들의 영향으로 루이스는 서른한 살에 무신론에서 유신론으로 돌아섰다. 그때의 일을 루이스 자신은 이렇게 표현했다. "1929년 마지막 학기에 나는 항복하고 하나님을 하나님으로 인정하고 무릎 꿇고 기도했다. 그날 밤 아마 나는 온 영국에서 가장 풀이 죽고 가장 마지못한 회심자였을 것이다."⁵⁾ 차차 그는 하나님의 존재를 머리로만 인정하던 데서 진정한 기독교로 나아가 마침내 예수 그리스도께 자신을 드리기에 이르렀다.

　나 자신의 영적 여정도 잊지 못할 회심의 경험으로 시작되었다. 부모님은 내가 어렸을 때부터 나를 교회에 데리고 다니셨는데, 뉴욕의 우리 집 근처에 있던 그 교회는 성경을 그대로 믿는 교회였다. 청소년 시절부터 쭉, 나는 예수님께 나 자신을 드려야 한다고 하나님이 마음속에 부담을 주시는 것을 느꼈다. 그러면서도 구주를 영접하라는 성령의 부드러운 초청에 일요일마다 계속 저항했다. 스스로 삶의 주인이 되어 출세하고 싶었던 나는 일부러 집을 떠나 대학을 펜실베이니아 주로 갔다. 신입생 시절에 나는 마음이 공허하고 허전했다. 이듬해에는 크로스컨트리 육상 연습을 하려고 학교로 일찍 돌아갔는데 기숙사에 달랑 나 혼자뿐이었다. 그러던 어느 날 밤에 성령께서 엄청난 능력으로 내게 임하셨다. 마음이 찔린 나는 어머니가 짐 가방에 챙겨 주었던 성경책을 꺼내 기숙사의 원형 계단 맨 위에 앉아 밤새도록 읽었고, 그러다 새벽녘에 그리스도께 내 마음을 드렸다. 다음번에 집에 갔을 때 가족들에게 내가 회심한 일을 말했더니, 오래도록 몸져 누워 있던 사랑하는 고모가 큰소리로 말했다. "브루스, 난 네가 아기였을 때부터 늘 기도했단다. 하나님이 네 삶을 붙드시고 그분의 영광을 위해 써 주시도록 말이야."

　이런 이야기들에서 보듯이, 영적 여정은 하나님의 은혜에 힘입어 예수 그리스도께 나아오는 회심으로 시작된다.[6] 모태 신앙이라서 영적 새 생명을 받은 순간이 기억에 없는 그리스도인들도 더러 있겠지만, 많은 사람에게 그리스도인의 삶에 첫발을 내딛는 일은 의식에 남는 경험이고 분명한 회심의 순간이다.

구원의 기쁨

기독교에서 말하는 구원이란 죄의 삶이 은혜의 삶으로 근본적으로 변한다는 뜻이다. 은혜란 자격 없이 받는 하나님의 자비와 호의이며, 바로 그 은혜가 구원을 가능하게 한다. 구원받을 때 우리는 복음의 진리에 동의할 뿐 아니라 예수 그리스도께 자신을 드린다. 그리스도를 신뢰함으로 우리는 진리에 이르고 영적 어둠에서 그리스도의 빛 가운데로 옮겨진다(요일 1:5-7).

성령께서는 또한 우리의 심령을 중생시켜 우리를 그리스도 안에서 새로운 피조물로 만드신다. "이전 것은 지나갔으니, 보라, 새 것이 되었도다"(고후 5:17). 칭의(하나님과의 관계가 바르게 됨)와 중생(새 사람으로 재창조됨)을 얻은 우리는 그리스도와 하나로 연합한 존재가 되고, 그리하여 삼위일체 하나님이 우리 안에 사시고 우리는 그분 안에 산다. 이러한 영적 연합을 통해 우리는 그리스도와 함께 죽고, 그래서 죄는 더 이상 우리의 삶을 다스릴 수 없다. 하지만 우리는 그리스도 안에서 이미 온전함에도 불구하고[7] 여정 내내 죄와 싸운다. 이러한 현실을 가리켜 마르틴 루터(Martin Luther)는 "의인인 동시에 죄인"이라고 표현했다. 평생에 걸친 영적 성장의 과정 즉 성화는 이렇게 시작되는데, 성경은 그것을 가리켜 "옛 사람"을 벗고 그리스도 안에서 "새 사람"을 입는다고 표현한다.[8]

은혜의 하나님은 우리 신자들에게 여러 가지 영적 위로를 복으로 베푸시고, 그래서 우리는 감사와 찬양을 드리게 된다. 우선, 우리 내면에 회심으로 인한 깊은 변화들이 느껴지면서 우리는 하나님을 더 친밀하게 알고 싶어진다. 하나님이 우리의 인생에 목적을 품고 계시다는 사실도 우리에게 위로가 되는데, 그 목적이란 곧 우리를 그리스도를 닮은 모습으로 회복하셔서 우리를 통해 그리스도가 세상에 임재하고 세상을 치유하게 하시는 것이다. 우리는 자신을 향한 하나님의 계획이 전적으로 "선하시고 기뻐하시고 온전하신"(롬 12:2) 것임을 알게 된다.

아울러 성경은 영의 양식으로 새 신자를 풍요롭게 해준다. 그런가 하면 하나님이 기도를 들으시고 응답하심을 알게 되면서 우리의 기도 시간도 마냥 달콤하고 즐거워진다. 또 하나님의 무조건적인 사랑이 더 깊이 느껴지면서 우리도 그분을 더 깊이 사랑하게 되고, 예수님께 염려를 맡기면서 우리는 구주께서 자신을 따르는 사람들에게 약속하신 평안을 더 풍성히 누리게 된다. 또한 하나님의 자녀는 신자들의 공동체에 속해 있다는 소속감도 갈수록 깊어진다.

이러한 많은 영적 위로에 힘입어, 새로 믿은 그리스도인들은 하나님을 기쁘시게 하는 거룩한 삶을 살고자 애쓴다(고후 5:9). 아울러 우리는 점차 자신의 은사를 발견하고 하나님 나라의 원리에 맞는 기독교적 인생관을 가꾸게 된다. 예수님의 이름으로 다른 사람들을 섬기며 의미와 보람을 맛보기도 한다. 나아가 자신이 죄에서 구원받은 일을 떠올리며, 아직 구원받지 못한 사람들에 대한 부담감이 생겨나 부족하게나마 그들에게 자신이 회심한 이야기를 들려주기 시작한다.

여정의 초기에 새 신자들은 신앙의 열정이 뜨거울 때가 많다. 세상의 어떤 일도 하나님을 알고 그분을 따르는 것보다 중요해 보이지 않는다. 그래서 토마스 아 켐피스(Thomas à Kempis)는 이렇게 말했다. "새로 믿고 이제 막 교회에 들어온 그리스도인들은 얼마나 열정이 뜨거우며 얼마나 기도에 힘쓰는가! 다른 사람들보다 훌륭하게 살겠다는 열망이 얼마나 간절하며 규율은 또 얼마나 엄격한가!"[9]

십자가의 요한(John of the Cross)은 새로 믿은 그리스도인들이 경험하는 일을 이렇게 요약해서 말했다. "영혼이 하나님을 섬기기로 확실히 회심하고 나면 하나님은 그 영혼을 영적으로 기르시고 어루만져 주신다. 마치 자애로운 어머니가 가냘픈 아이를 따뜻한 가슴으로 녹여 주고, 맛 좋은 젖과 연하고 먹기 좋은 음식으로 기르며, 품에 안고 어루만져 주는 것과 같다."[10]

> "우리의 삶에는 기쁨과 슬픔이 묘하게 섞여 있다. 우리에게는 부활하신 주 예수 그리스도도 계시지만 아담의 죄가 부른 비참한 결과도 있다."
> _노리치의 줄리안

타락한 본성과의 싸움

하나님이 우리를 그리스도 안에서 의롭다고 선포하셨지만, 우리 안에는 여전히 타락한 본성과 자기중심성과 이기심이 남아 있다. 그래서 우리는 하나님을 기쁘시게 하고 싶어도 이전의 죄의 습관과 싸울 때가 많다. 아빌라의 테레사(Teresa de Ávila)는 영혼이란 잡초가 무성한 정원과도 같아서 영혼이 자라려면 잡초를 뽑아내야 한다고 말했다. 우리 마음속에 벌어지는 이러한 내면의 전투는 때로 치열해질 수 있는데, 토마스 아 켐피스는 그것을 이렇게 표현했다. "아, 내 안에 아직도 옛 사람이 살아 있다. 그는 아직 완전히 십자가에 못 박히지 않았고 완전히 죽지 않았다. 지금도 강한 정욕으로 영혼을 거스르는 그는 내 영혼의 나라를 순순히 떠나지 않을 것이다."[11] 옛 본성과 새로운 본성 사이에 벌어지는 이러한 싸움은 그리스도인이라면 누구나 경험하는 것이지만, 특히 신앙이 미성숙한 사람들에게 치열하게 나타난다.

신앙의 여정에서 벌어지는 이러한 영적 싸움의 예를 성경에서 얼마든지 볼 수 있다.

- 노아는 "하나님과 동행"(창 6:9)한 믿음과 경외와 순종의 사람이었다. 하

지만 술 취한 노아의 모습(창 9:21)은 그의 마음을 분열시킨 영적 싸움을 잘 보여 준다.

- 아브라함은 "하나님의 친구"(대하 20:7, NIV)로 불린 사람이다. 하지만 아브라함은 사라가 자기 아내가 아니라 누이라고 두 번이나 거짓말을 했고(창 12장, 20장), 하나님의 약속을 믿지 못하고 조급하게 하갈을 첩으로 취해 아들을 낳았다(창 16장).
- 야곱("가로채는 사람")은 아버지 이삭을 속이고 형 에서가 받아야 할 장자의 축복을 가로챘다(창 27장). 나중에 야곱은 라헬과 레아의 두 시녀에게서 자식을 낳기도 했다(창 30장).
- 다윗은 하나님의 마음에 맞는 사람으로 시편의 시들 중 총 73편을 지어 하나님을 찬양했다. 그렇지만 그는 밧세바와 간음하고, 그녀의 남편 우리아를 교묘하게 살해했다(삼하 11장).
- 베드로는 3년 가까이 예수님과 다녔다. 하지만 그에게는 사사로운 야심, 지나친 자만심, 충동적 기질, 얕은 영적 이해의 수준 등 성격상 결함이 많았다.[12]

현대의 사례들

새로 그리스도인이 되면 흥분과 열정도 따라오지만, 죄의 욕심과도 싸우게 된다. 신앙이 미성숙한 그리스도인들은 아직 영적 훈련을 받기 전이므로 파괴적인 행동이나 습관과 싸워야 할 수도 있다.

내 수업에 들어온 네드라는 학생은 가정 환경이 좋지 못했다. 부모는 그가 어렸을 때 이혼했고 의붓아버지는 포악한 알코올 중독자였다. 네드는 해병대에서 복무하던 중에 하나님의 은혜로 그리스도인이 되었고, 그 뒤로 어느 주립 대학교에 들어갔다. 아직 새 신자이던 그는 캠퍼스의 어느 기독교 단체에서 주최하는 주말 수련회에 참석했다. 수련회에서 펄펄 넘치는 능력을 체험한 그는 집에 돌아와 충동적으로 마귀에게 결투를 신청했다. 하지만 지나친 자만심 때문에 금방 어두운 수렁에 빠져 영적으로 우울해졌다. 그렇게 약해진 상태에서 네드는 성령을 저주했고, 나중에 친구들에게 아무래도 자기가 구원을 잃고 지옥에 갈 것 같다고 말했다. 다행히, 그런 기복에도 불구하고 주변 그리스도인들이 기도해 주고 이끌어 주어 네드는 결국 더 균형잡힌 그리스도인의 삶으로 돌아왔다.

이와 반대로 콜로라도 주의 하이랜즈 랜치라는 부유층 동네에서 실제로 벌어진 사건은 타락한 본성이 이겨 비극을 부른 경우다. 마흔한 살의 존 비숍은 아내 셔릴과 여섯 살에서 아홉 살 사이 예쁜 세 자녀와 함께 그곳에 살고 있었다. 존과 셔릴은 주일학교 교사로 봉사하며 열심히 교회에 다녔다. 가족들과 이웃들이 보기에 그들은 이상적인 그리스도인 부부였다. 어느 날 밤 가족들이 잠자리에 든 뒤에 존은 벽장에서 권총을 꺼내 잠자고 있던 아내를 쏘았다. 그러고는 아이들 방으로 가서 역시 자고 있던 아이들을 쏘았다. 검시관은 존이 총을 쏜 당시에 술에 취해 있었다고 밝혔다. 비탄에 잠긴 한 유가족은 "존이 절망해서 이렇게 됐다"고 말했다. 존과 하나님의 관계는 약해져 있었고, 그래서 여러 가지 시련 앞에서 그는 하나님이 자신과 함께하시지 않는다고 단정했던 것이다.[13]

극단적인 얘기는 하지만, 우리 모두의 내면에서 죄의 세력이 싸우고 있는 것만은 분명하다. 옛 본성은 여전히 그 힘이 막강하므로, 미성숙한 그리스도인들은 자신보다 세고 파괴적인 영적 세력에 자칫 당하기 쉽다. 성경에는 우리의 내면에서 마주칠 수 있는 죄의 종류가 여러 가지 나와 있다.

- 거만함(고후 12:20)
- 탐심(고전 5:10)
- 질투(갈 5:21)
- 사사로운 야심(갈 5:20, 빌 2:3)
- 시기(갈 5:20)
- 미움(갈 5:20)
- 분노(고후 12:20, 엡 4:31)
- 정욕(골 3:5)
- 돈을 사랑함(딤전 6:9-10, 히 13:5)

신앙이 어린 그리스도인들은 또한 하나님의 마음에 거슬리는 불의한 행동들과도 싸워야 할 수 있는데, 예를 들면 다음과 같다.

- 음담패설(엡 5:4)
- 거짓말(골 3:9)
- 험담(고후 12:20)
- 속임(고전 6:8)
- 도둑질(고전 6:9-10)
- 술 취함(롬 13:13)
- 성적 부도덕(고전 6:9-10)

성경에 성적 부도덕이 자주 언급되는 것으로 보아, 동성애 행위를 포함한 성적 부도덕은 옛 본성이 더욱 공세적으로 나타나는 한 영역이다.[14] 우리는 그리스도 안에서 새로운 피조물이 되었으므로, 더 이상 성적인 죄—실은 모든 죄—가 하나님의 자녀인 우리를 지배해서는 안 된다.[15] 그럼에도 불구하고 부주의나 무관심으로 자칫 방심하는 사이에 우리 영혼은 또다시 육체의 정욕과 불경한 행동에 떨어질 수 있다.

마음이 하나님 나라와 세상 나라로 갈라져 있으면 그 마음은 능히 설 수 없다. 여정에 진척이 있으려면, 성령께서 남은 죄를 죽이시고 우리 안에 계신 그분의 생명을 강하게 하시도록 그분께 우리를 내드려야 한다.

유혹과 쾌락

새 신자들은 아직 그리스도 안에서 견고히 서지 못했기 때문에 세상적으로 매력 있는 것들에 솔깃해하고, 보고 느끼고 만질 수 있는 것들에 마음이 끌린다. 토크쇼 진행자이자 작가인 데니스 프레이저(Dennis Prager)가 그것을 잘 표현했다. "인간은 많은 덧없는 것들에 혹한다. 무엇이든 반짝반짝 빛나면 일단 쫓아가고 본다. 이런 결점이 인간 본성의 일부임을 에덴동산의 이야기에서 볼 수 있다."[16] 바울도 당시의 일부 신자들이 세속적인 마음으로 "세상 것들에 사로잡혀"(고전 7:31, NIV) 있는 것을 보았다.

여정의 초기에는, 반짝반짝 빛나는 덧없는 재물이 아름답고 영원한 영적 세계보다 더 커 보일 수 있다. 겉만 번지르르할 뿐 별 만족을 주지 못하는 것들에 마음이 끌리는 우리는 주변의 비그리스도인들과 별로 다르지 않을 수 있다. 행복이란 자신이 소유한 재물의 양에 달려 있다는 거짓말을 우리도 그대로 믿을 수 있다. 하지만 예수님은 그런 사고방식을 조심하라며 이렇게 가르치셨다. "삼가 모든 탐심을 물리치라. 사람의 생명이 그 소유의 넉넉한 데 있지 아니하니라"(눅 12:15). 토마스 아 켐피스도 "불순하게 재물에 연연해하는 일만큼 인간의 마음을 더럽히고 망치는 것은 없다"[17]고 했다.

한순간의 쾌락은 영원한 만족을 주지 못하지만, 때로 새 신자들은 그리스도인이 되기 전에 품었던 그 쾌락을 사랑하는 마음을 그대로 가지고 온다. 여정의 초기에는 그런 몸에 밴 세상적인 쾌락이 우리를 영적인 즐거움에서 멀리 떼어 놓을 위험이 있다. 무절제한 쾌락에 탐닉하는 것은 하나님과의 생생한 관계 밖에서 만족을 얻겠다는 뜻이다.[18] 그리스도인이 되기 전에 우리를 지배했던 세상적인 쾌락에서 영혼이 해방되려면, 하나님을 우리의 최고의 즐거움으로 삼아야 한다. 내가 제일 좋아하는 성경 구절 중 하나에 그것이 이렇게 표현되어 있다.

> "우리가 밖으로 쾌락을 찾아다니는 것은 내면에 참 즐거움이 없기 때문이다."
> _귀고 1세

주께서 생명의 길을 내게 보이시니,
　주의 앞에는 충만한 기쁨이 있고
　주의 오른쪽에는 영원한 즐거움이 있나이다. (시 16:11)

우리를 매혹하는 세상적인 쾌락과 재물과 명예는 결국 우리의 마음을 분열시킨다. 죄성의 유혹과 하나님을 향한 충절 사이에서 마음이 둘로 나뉘게 하는 것이다. 이렇게 마음이 갈라지면 우리는 하나님이 값없이 주시는 평안을 놓치고 만다. 프랑스의 영성 작가 프랑소아 페넬롱(François Fénelon)은 "새로 믿은 그리스도인들은 최악의 죄들을 버리고 전보다는 법을 덜 어기지만, 여전히 세상에 매여 있다. 그들은 복음을 기준으로 자신을 판단하는 것이 아니라 이전의 삶과 비교할 뿐이다."[19]라고 말했다. 우리는 이미 그리스도와 함께 하늘에 앉아 있는 존재인데도, 분열된 마음은 세상적이고 속된 것들과 짝하여 여전히 이 땅을 걸을 때가 많다. 이제 막 그리스도인의 삶에 들어선 어린 신자들은 세상의 유혹과 그 덧없는 쾌락 때문에라도 의지적으로 구습을 버리고 전심으로 하나님을 구해야 한다.

> "부, 체면, 쾌락, 권력, 명예 등 우리가 좋아하는 이 다섯 가지가 우리를 속인다. 그것들은 우리를 죄에 가두고 악에 묶는다."
> _리처드 롤

지식과 행위

새 신자들이 신앙의 초기 단계에 부딪치는 위험한 요소는 그밖에도 많이 있다. 미성숙한 그리스도인들은 하나님을 진정으로 **알고 경험하는** 것보다 하나님에 관한 **사고**에 더 집중할 수 있다. 호기심이나 교만한 마음 때문에 우리는 영적 세계에 대한 지식에 사로잡힐 수 있다. 하지만 하나님이나 성경에 관한 정보를 배운다고 해서 하나님과의 관계가 깊어진다는 보장은 없으며, 사랑이 없이 배울 때는 특히 더하다. 신앙이 어린 그리스도인들은 지성주의의 위험을 조심해야 한다. 앎에는 관계적 차원과 체험적 차원이 중요한데, 지성주의는 그 부분을 경시한다. 어린 그리스도인들일수록 머리와 가슴이 따로 노는 위험에 특히 빠지기 쉽다. 지성주의로 힘들어하는 한 신학생은 이렇게 탄식했다. "내게는 하나님을 향한 진정한 열정이 없다. 머리는 **하나님에 관한** 지식으로 가득한데 마음은 **하나님 그분에** 몹시 허기져 있다."

그런가 하면 우리는 하나님을 기쁘시게 하려고 과도한 활동의 덫에 빠질 수도 있다. 하나님과의 **관계** 속에서 변화되기보다 하나님을 위해 뭔가 **하려고** 하는 것이다. 그래서 우리는 하나님을 위해 뭐라도 해서 그분의 호의를 얻어내려 할 뿐, 참된 제자도에 그보다 훨씬 많은 것이 포함됨을 깨닫지 못한다. 어린 신자들은 자기 힘으로 하나님을 위해 큰일을 해내려 할 수 있고, 자기 자신과 다른 사람들에게는 물론 하나님에게까지 자신의 가치를 증명해 보이려고 끊임없이 애쓸 수 있다. 하지만 그리스도인이 하는 이런 노력조차도 하나님께 영광을 돌리는 데 초점을 두기보다는 오히려 행위 지향적이고 결과 지향적인 것이 될 수 있다. 자칫 잘못하면 지역 교회의 삶도 진실하게 하나님을 추구하기보다 정신없는 활동들을 중심으로 돌아갈 수 있다. 전체적으로 우리가 발맞추어 행진하는 북소리는 고속 질주하는 서구적인 생활방식인데, 이러한 생활방식은 우리를 기진맥진하게 하여 식물인간으로 만들어 놓기 일쑤다. 과도한 활동량을 부추기는 문화[20]가 자칫 우리의 영적 삶에도 스며들 수 있고, 그렇게 되면 우리는 하나님을 아는 데서 안식하고 그 관계를 통해 빚어지기보다 그분을 위해 일하는 것을 지나치게 강조하게 된다.

누가복음에 보면, 예수님이 제자들과 함께 오셔서 식사하시던 중에 마르다가 한계에 부딪힌 이야기가 나온다. 부엌에서 "마르다는 준비하는 일이 많아 마음이 분주"했는데(눅 10:40), 이 분주했다는 말은 문자적으로 부담이 과중했다는 뜻이다. 마르다는 손님들을 위해 청소하랴 요리하랴 모든 것을 완벽하게 해내느라 그야말로 몸이 열 개라도 모자랄 지경이었다. 속이 상한 마르다는, 동생 마리아가 수건에 손을 쓱 닦고 안으로 들어가 골똘히 예수님께 집중해 앉아 있도록 그냥 두신 예수님을 나무랐다. 마르다는 믿음의 여인이었지만 과중한 일의 스트레스에 이렇게 무너졌다. 봉사의 무게에 스스로 짓눌려 급한 일에 쫓기는 신세가 되고 말았던 것이다.

과중한 **행위의** 부담에 선뜻 공감하는 신자들이 많다. 한 젊은 신학생은 이렇게 말했다. "내 머릿속은 꽉 차 있고 손은 분주한데 마음은 텅 비어 있고 하나님과 정서적으로 멀어져 있다. 삶이 워낙 획획 지나가다 보니 하나님이 흐릿해지고 말았다." 한 중고등부 목사도 비슷한 고백을 했다. "여태껏 나는 사실상 고갈된 상태로 사역을 해 왔고, 하나님 나라를 위해 큰일을 이루어 냄으로써 내 미숙하고 열등한 모습을 가리려 했다. 약속의 땅에 들어가지 못한 채 요단 강변을 맴돌고 있는 자신을 본다." 어느 젊은 여성은 이렇게 말했다. "지금까지 내 여정은 행위를 바탕으로 이루어졌다. 그리스도를 구주로 알고 있고 교회에서 말도 바르게 하고 있지만, 나는 정말 그분을 잘 모른다. 한심한 기분이 들지만 그래도 가면을 벗지는 않는다."

지나치게 바쁜 삶은 영혼과 하나님 사이에 서글픈 단절을 부추긴다. 교회를 떠나는 보수적인 그리스도인들을 조사해 보니, 대다수가 교회 활동으로 바쁘면서도 그중 다수는 하나님과 친밀하지 못해 내면이 곤고하다는 결론이 나왔다.[21] 우리 그리스도인들은 아는 면과 행하는 면에서는 제법 잘해 왔지만 그냥 **존재하는** 면, 내면세계를 가꾸는 면에서는 서툴렀다. 영국의 작가 겸 시인 에벌린 언더힐(Evelyn Underhill)은 이렇게 예리하게 지적했다. "우리는 인생 대부분을 '원하다, 가지다, 행하다'라는 세 가지 동사를 활용하며 보낸다." 하지만 우리는 "'존재하다'라는 근원적인 동사가 그 셋을 포괄하고 초월하지 않는 한 그중 어느 동사에도 궁극적인 의미가 없음"을 망각한다.[22] 신앙이 어린 그리스도인들은 더 의지적으로 그리고 더 생각하고 기도하는 가운데 내면으로부터 살아가야 할 숙제를 안고 있다. 언더힐은 또 "기계처럼 돌아가는 끊임없는 활동에 어느 정도 여백을 두고 속도를 줄이는 일이야말로 깊고 풍요로운 삶의 필수 조건이다. 기쁨의 영과 서두름의 영은 한 집에 살 수 없다"[23]고 덧붙였다.

영적 유아기와 사춘기

바울은 자신의 여정 초기를 돌아보면서 자신이 영적 성숙도 면에서 아이에서 어른으로 이행해 왔다고 썼다(고전 13:11을 보라). 신앙의 초심자들은 수영을 배우는 어린아이와 비슷한 데가 있다. 아이들은 처음에 얕은 물에서 놀다가 차차 허리까지 잠기게 들어가고 결국은 풍덩 뛰어들어 함께 헤엄을 즐긴다. 어린 그리스도인은 신앙에 대한 이해가 초보적이며 아직 이 도(道)를 성숙하게 알지 못한다.

처음에 열정에 불타던 시기가 지나면 영적 활기가 시들해지면서 밋밋해질 수 있다. 역경이나 그냥 반복되는 일상 앞에서 결국 영적 감성이 메마를 수 있고, 그러면 자신의 영혼이 정체되어 있다는 걱정이 싹튼다. 어떤 사람들은 유년기나 사춘기 때 쌓였던 부정적인 짐을 지고 살아간다. 이를테면 자신이 못났다고 느끼기도 하고 권위를 믿지 못하기도 한다. 어떤 사람들은 하나님에 대해 잘못된 생각을 품고 있다. 예컨대 하나님을 어떻게든 우리를 잡아먹으려 드는 엄한 훈육 주임으로 보는 것이다. 그런가 하면 흠투성이인 자신을 하나님이 무조건 사랑하실 리가 없다는 거짓말을 믿는 사람들도 있다. 마약 복용, 성적 부도덕 등 그리스도인이 되기 전에 지은 중한 죄가 양심에 짐이 될 수도 있다. 신앙이 어린 신자들 중에는 자신을 용서하지 못하거나 하나님의 용서를 받아들이지 못하는 사람들이 있는데, 그럴수록 죄책감과 수치심은 더 한층 쌓여 간다. 이런 모든 문제가 영적 여정의 진척과 성장을 가로막을 수 있다.

신앙이 어린 한 그리스도인은 내게 이런 말을 했다. "예수님을 처음 알고 나서는 마음이 뜨거웠는데 회심한 지 3년이 지나자 그런 열정이 사라졌어요. 어떻게 다시 그 길로 돌아가야 할지 모르겠어요." 여정에 들어선 지 몇 년 된 다른 사람은 이렇게 말했다. "그리스도인이 된 지 얼마 되지 않았지만 그동안 내가 지나온 지형은 로키 산맥만큼이나 힘들었고, 끝없는 사막만큼이나 방향이 묘연했고, 졸졸 흐르는 냇물만큼이나 즐거웠고, 사해(死海)만큼이나 생기가 없었습니다."

> "부디, 우리 가운데는 더 이상 어린아이로 남아 있는 사람이 없어야 합니다. 세상 물정 모르는 순진한 사람이 되거나, 아이처럼 사기꾼의 손쉬운 표적이 되어서는 안 됩니다. 하나님은 우리가 충분히 자라서, 모든 면에서 그리스도처럼 온전한 진리를 알고, 사랑으로 그 진리를 말하기를 바라십니다."
> _에베소서 4:14, 「메시지」

지식이 부족하다 보니 우리는 어떻게 해야 새로 시작한 신앙이 자라는 것인지 막막할 수 있다.[24] 그래서 그리스도의 주권에 순복하지 않는 상태가 한동안 지속될 수도 있다. 신앙이 어린 한 여성 신자는 "하나님이 내 계획에 승낙의 도장을 찍어 주셨으면 좋겠다"고 털어놓았는데, 우리도 자칫 그렇게 될 수 있다. 십자가의 요한은 우리에게 "많은 초신자들은 자신이 원하는 것을 하나님도 원하시기를 바라며, 거꾸로 자신의 소원을 하나님의 뜻에 맞추어야 할 상황이 되면 슬퍼한다"[25]고 상기시켜 준다. 영혼의 중요성과 영적 삶을 가꾸어야 할 필요성을 아직 모르다 보니 우리는 건강한 영적 습관이나 훈련을 실천하는 면에서 들쭉날쭉할 수 있다.

이러한 초기에는 기도도 주로 자신에게 필요한 것들을 요구하는 피상적 수준에 머물 수 있으며, 영적 훈련을 하면서도 간혹 그에 대해 교만한 마음이 싹틀 수 있다. 아직 우리는 성령의 세미한 음성을 잘 듣는 법을 배우지 못했을 수 있다. 신앙이 어린 한 그리스도인은 이렇게 말했다. "나는 하나님이 뭐라고 말씀하실지 두려워 그분의 음성을 듣는 데 거의 시간을 내지 않는다. 지금처럼 내 삶을 내가 통제하는 게 좋은데, 하나님의 음성을 들으면 그분이 그것을 문제 삼으실지도 모르지 않은가." 성령의 인도하심에 제대로 반응하는 법을 모르기 때문에 우리는 어리석은 결정을 내려 길을 이탈할 수 있다. 또한 하나님이 길을 분명히 보여 주시는데도 과단성 있게 행동에 나서지 못할 때도 있다.

새 신자들은 반드시 그리스도 안에서 분명한 자아 정체감을 확립해야 한다. 그러지 않으면 하나님이 보시는 내가 아니라 다른 사람들이 말하는 내가 우리의 자아상으로 굳어질 수 있다. 하늘 아버지께서는 우리의 신분이 그리스도 안에서 지극히 사랑받는 존재라고 확언하시건만, 그동안 우리는 오히려 거짓의 아비인 사탄에게서 정죄의 메시지를 들으며 살아왔을 수 있다. 자존감이 낮거나 자신을 수용하지 못하면, 그것이 우리의 영혼을 야금야금 갉아먹어 하나님을 제대로 추구하지 못하게 할 수 있다. 그렇게 되면 우리는 자신의 가치를 인정받고 싶은 욕심에 사람들의 칭찬과 박수를 구할 수 있다. 또한 친밀한 관계가 불편해서 하나님과 사람들에게 거리를 둔 채 숨어서 살아갈 수도 있다. 야고보는 "여러분은 매번 자기 마음대로 하려고 하니, 버릇없는 아이와 같습니다"(약 4:3, 「메시지」)라고 당시의 신자들을 꾸짖었다.

여정 초기에는 교회가 되지 않고 교회를 하는 사람들이 많이 있다. 신앙이 어린 한 신자는 이렇게 말했다. "교회란 우리가 '하는' 어떤 것이었다. 공동체를 경험하는 일은 별로 없었다. 내가 처음 그리스도인이 되어 경험한 삶은 그저 교회 문이 열릴 때 '출석하는' 것이었다. 나는 봉사하거나 예배하거나 참여하지 않고 그냥 출석만 했다. 출석만 하면 되는 줄 알았다." 교회의 머리 되신 예수 그리스도와 생생한 관계를 누려야 할 우리에게 교회를 하는 것은 초라한 대용품에 지나지 않는다.

바울은 당시의 많은 미성숙한 그리스도인들의 영적 상태를 가리켜 "사람의 속임수와 간사한 유혹에 빠져 온갖 교훈의 풍조에 밀려 요동"(엡 4:14) 한다고 표현했다.

십자가의 요한은 자신의 고전 「어둔 밤」(*The Dark Night of the Soul*, 바오로딸) 에서 신앙의 초심자들에게서 흔히 볼 수 있는 결함을 7대 죄악의 형태로 제시했다. 그는 여정에 진척이 있으려면 이 일곱 가지를 반드시 해결해야 한다고 보았다.[26]

- 자신이 이루어낸 일에 대한 영적 교만
- 하나님이 주시는 복으로 만족하지 못하는 데서 오는 영적 탐욕
- 하나님이 주시는 복으로 만족하지 못하는 데서 오는 영적 사치
- 영적 자족이 사라질 때 찾아오는 원망과 분노
- 영적 폭식, 또는 영적 활동에서 즐거움과 위안을 얻으려는 자세
- 영적 시기, 또는 다른 사람들이 이루어낸 일을 탐내는 마음
- 제자도가 요구하는 삶에 지쳐 열정이 식는 영적 나태 또는 게으름

요한의 결론에 따르면, 초심자들은 "엄마가 안고 가려고 할 때 혼자 걷겠다고 울고불고 발버둥치는 아이와 같다. 혼자 걸으면 진척도 없거니와 혹 있다 해도 아이의 보폭에 그친다."[27] 여정의 초기 단계를 그는 감각적 쾌락에 혹하는 삶이라 표현했다. 그가 초심자의 영적 삶을 이렇게 냉혹하게 표

현한 것은 "초심자들에게 그들이 연약한 상태임을 깨닫게 하고"[28] 또 "그들의 행동이 어린아이의 행동과 얼마나 비슷한지를"[29] 알게 하기 위해서였다. 그의 말이 냉혹한 비판처럼 들리지만, 결국 그는 신앙이 어린 그리스도인들을 자극해 여정에 진보를 이루게 하고자 했다.

새로 믿은 그리스도인들은 의식적으로 진보에 힘쓰지 않으면 영적으로 미성숙한 상태에 고착될 수 있다. 조지 바나(George Barna)에 따르면, 복음주의 그리스도인들 중에 영적 성장을 위한 계획이 세워져 있는 사람은 절반뿐이며, 계획이 있는 사람들도 결과가 지지부진한 경우가 많다.[30] 단단한 각오가 없으면 도중에 비틀거리게 마련이다. 바나 연구소에서 성인 1,008명을 대상으로 영적 성숙에 관한 조사를 실시했는데, "데이터를 보면, 기독교를 믿는다는 사람들 중에 영적 성숙이 무엇인지 별로 생각해 보지 않았거나 명확히 생각해 보지 않은 사람들이 부지기수다." 자연히 "대다수 사람들은 신앙이 성숙한 상태가 어떤 상태인지 잘 모른다."[31] 달라스 윌라드(Dallas Willard)는 많은 그리스도인이 조용한 절망 중에 살아가고 있다고 말했다. 나는 그 말을 많은 신자들이 예수님의 제자로서 성숙해야 한다는 것은 알지만 그럴 능력이 안 돼서 좌절하고 있다는 뜻으로 이해한다. 많은 자칭 그리스도인들이 "그리스도 안에서 어린아이들"(고전 3:1)로 남아 있다.

> "우리는 일시적인 기분과 공상에 너무 사로잡혀 있고, 덧없이 지나가는 것들에 너무 정신이 팔려 있다. 우리는 단 하나의 죄라도 온전히 정복하는 경우가 거의 없고, 날마다 자신을 향상시키려는 열망에 불타지도 않는다. 그래서 늘 냉랭하고 냉담하다."
> ─토마스 아 켐피스

그 밖의 위험 요소들

새 신자들은 많은 위험 요소에 부딪힌다. 그들이 새로 시작한 영적 삶은 아직 기초가 안정되어 있지 않기 때문에, 새로 믿은 그리스도인들은 미성숙한 신앙에 따라붙는 여러 가지 위험 요소에 주의해야 한다.

우선 우리는 의도는 좋을지라도 율법주의의 덫에 빠질 수 있다. 도덕에 기초한 율법주의는 해야 할 일들과 해서는 안 될 일들을 엄격히 규정한 법이 삶을 지배한다고 믿는다. 그래서 우리는 의로운 삶으로 하나님의 호의를 얻어내려다가 재미없이 율법만 지키는 굴레에 빠질 수 있다. "율법에서 해방되니 복되도다. 예수의 보혈로 용서받았네"[32]라고 찬송이야 부르지만, 실제로는 노예처럼 온갖 규정에 매여 살아가는 것이다. 이렇게 행위에 기초한 의는 어느새 자신을 의롭게 여기며 다른 사람들을 용서하지 않고 비판하는 태도로 변한다. 이런 율법주의적 사고방식은 예수님과 사도들이 가르친 사랑의 법에 어긋난다.[33] 율법주의가 판치는 곳에서 그리스도 안의 자유란 요원한 이상(理想)일 뿐이다.

> "우리는 정신을 바짝 차려야 한다. 사탄은 우리가 뭔가 더 귀한 것을 갖거나 더 귀한 일을 할 수 있다고 착각하게 만들어 우리의 마음과 생각을 하나님으로부터 멀어지게 한다."
> _아시시의 프란체스코

신앙이 어린 그리스도인들은 또한 완벽주의의 덫에 빠질 수 있다(이것을 정당하게 탁월함을 추구하는 것과 혼동해서는 안 된다). 완벽주의적인 신자들은 너무 위압적인 환경에서 자랐거나 현실적인 자존감이 부족한 탓에, 자신의 가치가 흠 없는 행위에 달려 있다고 믿는다. "너희도 온전하라"(마 5:48)는 예수님의 명령은 우리가 죄 없는 상태에 도달해야 한다는 뜻이 아니라 온전함, 즉 성숙을 이루어야 한다는 뜻이다. 하지만 완벽주의자들은 자신을 수용하지 못하며, 오히려 잘못된 죄책감과 자기혐오는 물론 심하게는 중독 행위 속에서 살아간다. 이 모두가 우리의 영적 진보를 더디게 한다. 완벽주의적인 그리스도인들은 우리가 믿음으로 그리스도의 온전한 의를 옷 입었으며, 그래서 온전히 수용받고 사랑받고 있음을 알아야 한다.

율법주의와 완벽주의의 위험 외에도, 새 신자들에게는 영적 전투의 역동을 모르는 무지의 위험이 있다. 아직 어리다 보니 우리는 마귀의 간계에 넘어가기 쉽다. 악한 마귀는 다음과 같은 짓을 일삼는다.

- 성도들에게 몰래 접근한다(벧전 5:8).
- 생각을 현혹한다(창 3:13).
- 사람들을 잘못된 길로 꾄다(계 12:9).
- 사이비 기적을 행한다(살후 2:9).
- 죄를 짓도록 부추긴다(행 5:3).

장 칼뱅(Jean Calvin)은 사탄의 유혹을 이렇게 요약했다. "원수는 가차 없이 우리를 위협한다. 무모한 배짱, 군대식 무용(武勇), 교활한 책략, 지칠 줄 모르는 열의와 민첩성, 온갖 무기와 전술, 이 모든 것의 화신이 바로 원수 마귀다."[34] 그런데 우리는 세상과 마귀가 어떻게 육신과 공모해 우리의 마음을 부추겨 죄를 짓게 하는지 모를 때가 많다. "우리의 씨름은 혈과 육을 상대하는 것이 아니요, 통치자들과 권세들과 이 어둠의 세상 주관자들과 하늘에 있는 악의 영들을 상대함이라"(엡 6:12)고 한 진리를 우리는 모를 수 있는 것이다.

시험이나 고난의 시기가 닥쳐오면 제자도의 길을 벗어나 옛날의 삶으로 돌아가고 싶어질 수 있다. 그래서 헌신을 게을리하여 한동안 타락할 수 있고, 심지어 하나님께 반항하며 일부러 사탄을 따를 수도 있다. 신앙이 미성숙한 사람들은 그리스도를 따르는 데 치르는 대가가 억울하게 느껴져 동양 종교나 뉴에이지나 이단 등 다른 길을 받아들이고 싶을 수 있다. 최근 연구에 따르면, 헌신적인 그리스도인의 삶에서 발길을 돌리는 청년층이 점점 늘고 있다.[35]

솔로몬 왕이 타락한 신자의 아주 좋은 예다. 솔로몬이 하나님을 사랑하고 그분께 순종했을 때는 "그의 하나님 여호와께서 그와 함께하사 심히 창대하게 하"(대하 1:1)셨다. 그러나 나중에 솔로몬은 700명의 여자와 결혼하고 첩도 300명이나 두었으며 그 결과는 비참했다. "솔로몬의 나이가 많을 때에 그의 여인들이 그의 마음을 돌려 다른 신들을 따르게 하였으므로 왕의 마음이…그의 하나님 여호와 앞에 온전하지 못하였으니"(왕상 11:4).

타락의 또 다른 예는 사도 바울이 로마에서 옥에 갇혔을 때 그를 도왔던 데마라는 동역자다. 나중에 바울은 "데마는 이 세상을 사랑하여 나를 버리고 데살로니가로 갔"(딤후 4:10)다고 술회했다. 이러한 타락을 배교와 혼동해서는 안 된다. 배교는 예수님의 복음을 고의로 부인하는 것이다. 미성숙한 그리스도인들은 "그런즉 선 줄로 생각하는 자는 넘어질까 조심하라"(고전 10:12)는 바울의 경고에 주의해야 한다.

전진하는 삶

그리스도를 믿기로 결단하는 일은 제자도와 영성 계발의 삶에 첫발을 내딛는 시작에 불과하다. 회심이란, 천국 입장권을 얻는 것 훨씬 이상으로, 성령께서 죄를 죽이시고 우리 삶의 모든 영역에서 변화를 주도하시도록 성령께 자신을 내드리는 지속적인 과정이다. 매일의 회개와 믿음을 통해 이루어지는 지속적인 회심은 여정 내내 반드시 필요하며, 신앙이 어린 사람들은 위험 요소가 많기 때문에 더더욱 그렇다. 영적 삶에서 즉각적인 성숙이란 어불성설이다. 육신의 행위가 성령의 열매로 대체되려면 많은 훈련과 기도가 필요하고 시간이 걸린다. 우리의 지성과 의지와 감정과 행동을 그리스도께 맞추어 나가는 일은 평생이 걸리는 도전적인 작업이다.

> "하나님의 도에 처음 들어선 초심자들은 수준이 낮고 아직 쾌락과 자아를 사랑하기 때문에, 하나님은 그들을 그 속된 사랑에서 떼어 내 더 수준 높은 그분의 사랑 쪽으로 이끌기 원하신다."
> _십자가의 요한

어머니가 갓난아기를 사랑으로 기르듯이 하나님도 자신의 자녀들을 그 아들 예수의 형상으로 변화시켜 세상에서 그분을 잘 섬길 수 있게 하시려고 밤낮없이 혼신을 다하신다. C. S. 루이스는 "모든 그리스도인은 작은 그리스도가 되어야 한다. 그리스도인이 되는 목적은 그것 말고는 없다"[36]고 했다. 우리가 이 여정에서 성숙해 가려면 하나님께 순복하고, 사탄의 유혹을 물리치고, 예로부터 내려온 영성 계발의 훈련들을 실천해야 한다. 그리스도를 옷 입으려면 시련과 고난의 불로 단련되고 빚어져야 한다. 교부 요한 크리소스토무스(Johannes Chrysostomus)는 약속의 땅에 들어가려면 반드시 광야를 통과해야 한다고 말했다.[37] 하나님이 이 목표를 어떻게 이루어 나가시는지를 다음 장에서부터 살펴보고자 한다.

개인 및 그룹의 묵상과 토론을 위한 질문

1. 당신이 처음 그리스도인이 되어 경험한 삶을 돌아볼 때, 두드러진 기쁨과 축복과 위로는 무엇이었는가? 반대로, 이전에 당신이 영적으로 부족

하고 메말라서 고민했던 부분들도 떠올려 보라.

2. 십자가의 요한은 「어둔 밤」에서 신앙의 초심자들에게서 나타나는 부족한 모습을 일곱 가지로 꼽았는데, 당신의 삶에는 각 항목이 어느 정도나 나타나고 있는가? 다시 말하면, 영성 계발의 여러 이슈 중에서 당신이 현재 씨름하고 있는 가장 중요한 것들은 무엇인가?

3. 현재 당신이 율법주의, 완벽주의, 행위 지향적 삶과 씨름하고 있는 정도는 각각 얼마나 되는지 생각해 보라.

4. 당신은 제자도를 버리고 더 편하고 안정된 삶으로 돌아가고 싶은 유혹을 심각하게 느낀 적이 있는가? 그때의 경험이 어땠는지 말해 보라.

2

고통의 시절

그러므로 너희가 이제 여러 가지 시험으로 말미암아
잠깐 근심하게 되지 않을 수 없으나 오히려 크게 기뻐하는도다.

베드로전서 1:6

내 친구 셔릴의 남편 마크는 유수한 신학교에서 상담학을 공부한 뒤 9년 동안 두 교회에서 목회를 했다. 셔릴이 결혼 생활을 하면서 점차 알게 된 것인데, 마크는 목사의 본분을 저버린 채 사람들의 비위를 맞추기에 급급했고, 두 번째 목회지에서는 하나님과의 관계를 소홀히 하고 신학적으로 좌경화된 데다 바람까지 피웠다. 이렇게 타락한 마크는 결국 사역을 그만두고 궁핍한 셔릴과 세 자녀를 버려둔 채 결혼 생활을 정리했다. 셔릴은 억장이 무너지는 심정으로 하늘을 향해 소리쳤다. "하나님, 하나님을 신실하게 따르고 있는 저에게 왜 이런 일이 벌어지게 하셨나요?" 혼란과 고뇌에 빠진 셔릴은 하나님이 정말 자신과 세 자녀에게 관심이 있으신지 깊은 회의가 들었다. 그래서 울먹이며 자신에게 물었다. '이대로 예수님 곁에 남아 있을까? 내 삶과 우리 가정을 그분께 맡길 수 있을까?' 셔릴의 경험은 헌신된 그리스도인들도 괴로운 고통의 시절을 통과함을 보여 준다.

장밋빛 인생?

어린 시절 나에게 어떤 어려움에 닥쳤을 때 어머니는 이런 현실적인 조언으로 나를 격려해 주셨다. "인생이란 마냥 장밋빛이 아니란다." 만화 "피너츠"(Peanuts)에도 비슷한 주제가 나온다. 찰리 브라운과 루시

> "마음의 평안과 영적 기쁨 위에 하나님 은혜의 가시적 증거로 재물까지 상당히 더해진 상태, 그것이 바로 현대 그리스도인들이 추구하는 것이라 할 수 있다."
> _A. W. 토저

가 삶의 어려운 순간, 곤란한 순간에 대해 생각하고 있다. 사색에 잠긴 찰리가 루시에게 "삶에는 오르막길과 내리막길이 있어"라고 말하자, 루시는 곰곰 생각하다가 "찰리야, 왜 삶에는 오르막길만 있을 순 없는 걸까?"라고 답한다.

그리스도인의 삶에도 항상 오르막길만 있는 것이 하나님의 뜻이라고 주장하는 변질된 복음이 있다. "부와 건강의 복음"이나 "만사형통의 신학"이라고도 하는 소위 형통의 복음은, 누구든지 믿음으로 구하는 사람에게는 풍성한 재물과 완벽한 건강과 시련 없는 삶을 주시는 것이 하나님의 뜻이라고 강변한다. 형통을 부르짖는 사람들은 예수님을 따르는 많은 신자들이 믿음이 부족하여 재물은 적고 고생은 많이 한다고 주장한다. 큰 교회에서 목회하는 한 인기 있는 목사는 자기 교인들에게 "하나님은 여러분의 삶에 대박만 가득하기를 원하십니다"라고 설교한 뒤 "여러분은 특별대우와 특혜를 받을 권리가 있습니다"라고 덧붙였다. 분별력 없는 수많은 그리스도인이 형통의 메시지를 들으려고 이런 허울 좋은 달변가들에게 몰려들고 있다. 그러나 C. S. 루이스는 정반대로 이렇게 역설했다. "형통은 사람을 세상에 붙들어 맨다. 그는 자기가 세상에서 자리를 잡고 있는 줄로 알지만 사실은 세상이 그 사람 안에 자리를 잡고 있다."[1)]

고생과 고난이 없어야 행복한 삶이라는 생각에는 고통을 피하고 위안만 찾으려는 우리 사회의 풍조가 그대로 반영되어 있다. 인간은 누구나 당연히 고생과 고난이 없는 삶을 원한다. 그러다 실망거리나 고생이 닥치면 우리는 '어째서 나한테 이런 일이 벌어지는 거지?'라든가 '왜 하나님이 나를 버리셨지?'라고 묻는다. 하지만 성숙에 이르는 그리스도인의 여정은 순탄한 항해일 때가 거의 없다. 우리가 바라는 것은 맑은 하늘과 산들바람이지만 실제로는 먹구름과 폭풍이 불어닥칠 때가 많다. 이 타락한 세상에서는 고생과 고난이 인류의 운명이다.

삶의 시련은 피할 수 없다

인간은 누구나 한 번쯤 실망스런 일이나 만성질환이나 각종 재난을 겪게 마련이다. 장애와 이혼과 죽음은 인간의 삶에 고통스럽게 스며들어 있고, 9월 11일의 세계무역센터, 이라크 전쟁, 허리케인 카트리나의 처참한 광경들이 우리의 기억 속에 각인되어 있다. 러시아의 작가 표도르 도스토옙스키(Fyodor M. Dostoevskii)는 "산다는 것은 고생하는 것이다"[2]라고 잘라 말했다. 그보다 수천 년 전에 한 현자는 이렇게 말했다.

> 고생은 흙에서 나는 것이 아니니라.
> 사람은 고생을 위하여 났으니
> 불꽃이 위로 날아가는 것 같으니라. (욥 5:6-7)

사도 베드로는 흩어져 있는 성도들에게 이 여정에 시련과 박해와 고난이 따를 것을 경고했다.[3] 토마스 아 켐피스는 "절대적인 안전과 평화는 이 세상에 존재하지 않는다"[4]고 말한 뒤 "이 세상에 살고 있는 한 우리에게는 문제와 유혹이 존재한다"[5]고 덧붙였다. 우리 인류가 고난을 당하는 것은 타락한 피조물로서 에덴의 이편에 살고 있기 때문이다.

예수님을 따르는 사람도 고생을 면할 수 없기는 마찬가지다. 이리 떼 속의 양처럼 예수님의 친구들도 다른 누구 못지않게 신체적·정서적·영적 고생을 경험한다. 인생이 잘 풀린다 싶으면—우리가 가장 헌신적이고 생산적일 때—노상에 커다란 장애물이 나타나 우리의 영적 안정을 뒤흔들 때가 많다. 여태까지 편안하

> "그리스도를 위해 고난받을 줄 모르는 사람이 무엇을 안단 말인가?"
> _십자가의 요한

던 여정이 머지않아 비참한 심정으로 뒤바뀐다. 4세기 수도사인 위(僞) 마카리우스(Pseudo-Macarius)는 "성령이 계신 곳에 어둠과 박해와 고생이 따른다."[6]고 말했다. 교회사를 보면, 돌에 맞아 죽은 스데반부터 우리 시대에 순교한 선교사들에 이르기까지 명백한 비극을 환기시켜 주는 고통의 기억들이 즐비하다.

어떤 그리스도인들은 오히려 신앙 때문에 더 큰 고난의 표적이 되기도 한다. 1999년 4월 29일, 분노에 찬 두 학생이 우리 집에서 5킬로미터밖에 떨어지지 않은 콜로라도 주 리틀턴의 컬럼바인 고등학교에 총기와 폭탄을 몰래 가지고 들어가 학생 열두 명과 교사 한 명을 살해했다. 둘 중 하나가 캐시 버널(Cassie Bernall)이라는 학생에게 총을 겨누면서 "너, 하나님을 믿어?"라고 물었다. 그리스도인인 캐시가 용감하게 "응, 난 하나님을 믿어"라고 대답하자 그는 캐시의 머리에 총을 쏘았다.

다윗은 괴로운 경험을 바탕으로 "의인은 고난이 많"(시 34:19)다고 고백했다. 예수님도 자신을 따르는 사람들에게 "세상에서는 너희가 환난을 당"(요 16:33)한다고 상기시켜 주셨는데, 이 **환난**이라는 단어는 성경 원어로 "압제, 고생, 시련"을 뜻한다.[7] 예수님은 아버지를 기쁘시게 하는 의로운 삶을 사셨지만, 그런 그분도 살아 계실 때나 죽으실 때나 친히 고난을 겪으셨다. 바울 역시 빌립보 교인들에게 "그리스도를 위하여 너희에게 은혜를 주신 것은 다만 그를 믿을 뿐 아니라 또한 그를 위하여 고난도 받게 하려 하심이라"(빌 1:29)고 일깨워 주었다. 실망과 고생과 배신은 집으로 가는 우리의 여정 중에 자주 우리를 공격해 온다.

시련은 영혼의 안정을 위협한다

뜻밖의 좌절이나 위중한 병이나 심각한 위기가 닥쳐오면 그리스도인들마저도 마음이 괴롭고 약해질 수 있다. 이렇게 방향이 어긋나는 일을 월터 브루그만은 "답답하고 심란한, 제자리를 벗어나는 경험"이나 더 심하게는 "아주 망하다시피 짓눌리는" 경험이라고 표현했다.[8] 우리는 세상에 예수님을 충실히 대변하는 사람들이지만, 그런 우리도 힘든 시기를 지날 때면 혼란이나 무력감이나 두려움에 빠질 수 있다. 그럴 때면 우리도 다윗처럼 "내 심령이 속에서 상하며 내 마음이 내 속에서 참담하니이다"(시 143:4)라고 부르짖게 된다.

방향이 어긋나는 경험은 우리 인간이 얼마나 나약한 존재이며 주님 안에서 강건해지는 것이 얼마나 절실한지를 통감하게 해준다. 고난과 고통이 클수록 우리 육신의 죄성이 더 많이 깎여 나간다. 하나님은 인생의 괴로운 시절들을 통해 우리의 주목을 끄시고, 성숙과 결실에 이르는 더 좋은 길을 가리켜 보이신다. 여정에 처음 들어선 미성숙한 성도들은 차차 길들여지고 조련되어야 할 야생마와 같다. 그러므로 시련의 시기를 통해 하나님은 우리를 길들이시고 다시 가르치시고 다시 빚으신다. 그 기간에도 하나님은 변함없이 임재하시지만, 이러한 위기 상황과 허전한 마음은 우리와 하나님의 관계를 시험하여 긴장에 빠뜨린다.

군사 교관들도 비슷한 방법으로 인간의 정신을 길들이고 개조한다. 육해공군은 모두 혹독한 훈련으로 훈련병의 해묵은 정신을 벗겨 내고, 잘 단련된 용감한 군인이라는 새로운 정체로 탈바꿈시킨다. 우리의 끈질긴 본성이 이기심인 만큼, 우리에게도 한계상황에 부딪쳐 하나님을 온전히 의지하고 변화되는 훈련이 필요하다. 야고보는 "내 형제들아, 너희가 여러 가지 시험을 당하거든 온전히 기쁘게 여기라. 이는 너희 믿음의 시련이 인내를 만들어 내는 줄 너희가 앎이라. 인내를 온전히 이루라. 이는 너희로 온전하고 구비하여 조금도 부족함이 없게 하려 함이라"(약 1:2-4)라고 썼다.

구약 시대 사람들의 경험

성경에는 하나님의 종들이 여정 중에 고통과 비참한 일을 겪은 것은 물론 절망의 순간에까지 이른 일들이 기록되어 있다. 몇 가지 예를 살펴보자.

> "종종 하나님은 우리가 건강할 때보다 병들었을 때 우리에게 더 가까이 계신다. 하나님에게서 온 고통은 그분만이 치유하실 수 있다. 때로는 육신의 병이 영혼의 병을 고친다."
> _로렌스 형제

욥은 악에서 떠난 의인이었지만(욥 1:1), 하나님이 허락하셔서 사탄이 그를 공격해 재산과 종들과 열 자녀와 건강을 다 앗아 갔다. 욥의 신체적·정서적 고통이 어찌나 심했던지, 그의 아내는 그에게 하나님을 저주하고 죽으라고 다그쳤다. 욥기를 쭉 보면, 욥은 자신의 결백을 호소하면서 어떻게든 해답을 찾고자 하나님께 악착같이 따진다. 낙심과 원한과 냉소와 분노 같은 격한 감정들이 그의 영혼을 삼켜 버렸다. 처음 시련이 닥쳤을 때 욥은 "하나님, 저한테 답해 주실 책임이 있습니다!"라고 말했고, 괴로운 여정 중에는 "왜 저한테 이런 일이 벌어진 겁니까?"라고 묻기도 했다. 하지만 이 시련을 통해 욥은 겸손하게 연단되었고 하나님을 더 깊이 알게 되었다(물론 하나님의 신비로운 역사를 완전히 이해하게 된 것은 아니다).

다윗은 "[하나님]의 마음에 맞는 사람"(삼상 13:14)이었지만 오랜 세월 환란을 겪었다. 사울이 계속 그를 죽이려 하는 바람에 그는 걸핏하면 숨어 지내거나 도망 다녀야 했다. 나중에 그는 밧세바와 간음하고 그녀의 남편 우리아를 교묘하게 살해한 뒤로 죄책감과 절망의 수렁에 빠졌다(삼하 11장). 그것으로도 모자랐는지 아들 압살롬이 반역을 일으켜 부왕을 예루살렘에서 몰아냈다. 그 밖에도 다윗의 집안에는 재앙이 끊이지 않았다. 다윗의 맏아들 암논은 이복누이 다말을 강간했고, 그러자 압살롬은 복수하려고 암논을 죽인 뒤에 아버지에게 반역하여 아버지의 아내들과 동침했다. 이 모든 것이 "내가 너와 네 집에 재앙을 일으키"(삼하 12:11)겠다고 하신 하나님의 예언이 그대로 성취된 것이었다.

그 밖에도 구약 성경에 나오는 영적·정서적 시련의 예로는 다음과 같은 것들이 있다.

- 하나님은 아브라함에게 사라를 통해 아들을 상속자로 주겠다고 약속하셨다(창 15:4). 그런데 아무런 설명도 없이 하나님은 그 경건한 족장에게 그 귀한 아들을 돌 제단에 인신 제물로 바치라고 명하셨다(창 22장).
- 요셉의 형들은 시기심으로 요셉을 진흙 구덩이에 던졌다가 다른 나라에 노예로 팔았다(창 37장). 나중에 보디발의 아내는 요셉을 성적으로 유혹하고 죄를 짓지도 않은 그를 감옥에 가두었다(창 39:20).
- 이스라엘 백성은 이집트에서 가혹한 강제 노동에 시달려야 했다. 바로는 히브리 산파들에게 사내 아기가 태어나면 다 죽이라고 명했고(출 1:16), 나중에는 모든 남자 아이를 나일 강에 던지라고 명했다(출 1:22). 시편 기자는 그때를 생각하며, 하나님이 "우리를 단련하시기를 은을 단련함같이 하셨으며…어려운 짐을 우리 허리에 매어 두셨으며…우리가 불과 물을 통과하였더니"(시 66:10-12)라고 썼다. 기적적으로 홍해를 건너 해방된 후에도 이스라엘 백성은 40년간 광야에서 방황했고 굶주림, 목마름, 우

상승배, 형벌, 하나님의 개입이 운명처럼 그들을 따라다녔다.

- 엘리야는 갈멜 산에서 850명의 거짓 예언자들을 기적처럼 이긴 후에 이세벨의 위협에 못 이겨 광야로 도망했고, 거기서 탈진과 자기연민과 우울에 빠졌다. 이 예언자는 수풀 속으로 기어 들어가 차라리 자신을 죽여 달라고 기도했다. "여호와여, 넉넉하오니 지금 내 생명을 거두시옵소서. 나는 내 조상들보다 낫지 못하니이다"(왕상 19:4).

- 유다에 심판을 전한 눈물의 예언자 예레미야는 늘 혼자였고 가족들한테까지 배신을 당했다(렘 12:6). 그는 하나님의 사람이었지만 체포되어 매맞고 옥에 갇혔다. 옥에서 풀려난 뒤에도 이 용맹한 설교자는 다시 구덩이에 던져져 굶어 죽을 뻔했다(렘 38:9). 하나님의 신실한 대언자였던 그는 "나의 고통이 계속하며 상처가 중하여 낫지 아니함은 어찌 됨이니이까"(렘 15:18)라고 부르짖었다.

신약 시대 사람들의 동참

우리 주 예수님도 생전에 고생하시다 거부당하여 결국은 십자가에서 죽으셨다. 예수님이 겟세마네에서 맞이하신 영적 위기는 고통 그 자체였다. 세 제자와 함께 동산에 들어가셨을 때 그분은 "고민하고 슬퍼하"(마 26:37)셨다. 마가는 그보다 강한 표현을 써서 예수님이 "심히 놀라시며 슬퍼하"(막 14:33)셨다고 했는데, 여기 "심히 놀라시며"로 번역된 말은 "두려움에 빠진다"는 뜻이다. 「메시지」에는 이 구절이 "예수께서 두려움과 깊은 근심에 빠지셨다"라고 번역되어 있다.

자신이 당하실 일을 미리 아신 예수님은 세 친구에게 "내 마음이 매우 고민하여 죽게 되었으니"(마 26:38)라고 그 고뇌를 털어놓으셨다. 기도하실 때 예수님의 고뇌가 어찌나 처절했던지 그분의 얼굴에 흐르는 땀이 핏방울 같았다. "예수님은 배신당하기 전에 잠시 아버지와 함께 있으려고 (겟세마네에) 가신 것인데, 정작 그분 앞에 열린 것은 천국이 아니라 지옥이었고, 그래서 그분은 흔들리셨다."[9) 그분 앞에 닥친 현실은 그 정도로 혹독했다.

시몬 베드로 역시 좋은 예다. 예수님이 붙잡혀 재판을 받으시면서, 그동안 하나님의 계획을 믿었던 베드로의 믿음은 물거품이 될 위기에 처했다. 베드로는 슬그머니 대제사장의 뜰에 들어가 불을 쬐고 있었다. 한 하녀가 예수님과 함께 있었던 베드로를 알아보자 이 제자는 "나는 네가 무슨 말을 하는지 알지 못하겠노라"(마 26:70)고 되받았다. 다른 사람이 베드로가 예수님을 따르던 사람임을 알아보자, 그는 맹세까지 하며 "나는 그 사람을 알지 못하노라"(마 26:72)고 극구 부인했다. 곁에 섰던 사람들은 베드로가 갈릴리 사투리를 쓰는 것을 듣고는 그도 예수님의 동지라고 말했다. 그러자 베드로는 자기 말이 틀렸으면 자신이 저주를 받을 것이라며 또 다시 "나는 그 사람을 알지 못하노라"(마 26:74)고 대답했다. 처음에는 그냥 부인했고, 두 번째는 맹세하며 부인했고, 세 번째는 자신을 저주하며 부인했던 것이다!

곧바로 닭이 울었고, 결코 주님을 버리지 않겠다고 맹세했던 이 제자는 자신이 그분을 부인할 것이라고 예언하신 예수님의 말씀이 생각났다. 억장이 무너져 내린 베드로는 비틀비틀 밖으로 나가 통곡했다. 예수님이 지나가실 때 슬픔에 찬 그분

> "우리 안에서 지고한 은혜의 일을 하시려고 하나님은 우리가 가장 사랑하는 것들을 우리 마음에서 모두 가져가실 것이다. 우리가 의지하던 것들이 다 떠나갈 것이다. 애지중지하던 보물이 있던 자리에 잿더미가 쌓일 것이다."
> _A. W. 토저

과 눈이 마주치자 베드로는 깊은 패배감을 견딜 수 없었고, 그래서 예수님

이 치욕스런 모습으로 갈보리의 길을 비틀거리며 오르시는 동안 숨어 있었다. 나중에 그분이 십자가에서 참혹하게 돌아가신 일을 자세히 전해 들었을 때 그는 더 깊은 절망의 나락으로 빠져들었을 것이다.

그 밖에도 신약 시대에 고난당한 성도들의 예는 다음과 같다.

- 세례 요한. 그는 헤롯이 동생의 아내였던 헤로디아와 결혼한 불륜을 지적했고, 그러자 헤로디아는 그를 죽이기로 작정했다. 요한은 잡혀 결박된 채 옥에 갇혔다. 헤로디아의 딸이 요한의 머리를 쟁반에 얹어서 달라고 하자 헤롯은 요한의 목을 베라고 명했다(막 6:21-28).

- 사도 바울. 기독교 역사상 가장 위대한 선교사인 그는 선교 여정 중에 시련, 고난, 죽을 고비, 박해, 난파, 구타, 투옥을 당했다.[10] 바울은 또 구체적으로 밝히지는 않았지만 "내 육체에 가시 곧 사탄의 사자를 주셨으니 이는 나를 쳐서"(고후 12:7)라고 한 그 고통스런 "가시"로 고생했다. 사랑과 지혜로 하나님은 바울의 괴로운 "가시"를 일부러 그냥 두셨다.

- 1세기 신자들도 많은 고생을 겪었다.[11] 주님을 따르던 그들은 온갖 고생, 쓰라린 고초, 호된 시련, 모욕과 박해를 당했다. 그 뒤로 2천 년 동안 그리스도인들은 수시로 투옥과 고문과 죽임을 당했다. 21세기에 그리스도를 위해 순교한 제자들이, 지난 2천 년 동안 교회사에 남은 순교자들을 모두 합한 것보다 많다.[12] 지금도 북한, 베트남, 중국, 파키스탄, 수단 등 많은 나라에서 교회를 불사르고 그리스도인들을 고문하는 일이 계속되고 있다.

이렇듯 성경과 역사 속에서 경건한 사람들이 당한 고난은 오늘날 예수님의 제자로 살아가는 우리에게 귀감이 된다. 위 마카리우스는 자신의 시대를 돌아보면서, 고난은 "하나님의 능하신 은혜와 믿는 영혼에게 선물로 주시는 성령이 많은 싸움과 견딤과 인내와 시련과 시험과 더불어 온다는 것을 보여 준다"[13]고 역설했다.

기독교 역사에서 방향이 어긋난 사례들

그 밖에도 고생과 고난이 우리 신자들의 운명임을 보여 주는 증거로, 지난날 잘 알려진 그리스도인들이 겪었던 어려움을 생각해 보라.

「죄인 괴수에게 넘치는 은혜」(Grace Abounding to the Chief of Sinners, 규장)와 「천로역정」의 저자이며 대중적인 침례교 설교자였던 존 버니언(1628-1688)은 평생 동안 많은 시련을 만났다. 열여섯 살에 어머니와 누이를 잃은 버니언은 자살을 생각할 정도로 우울증에 시달렸다. 그의 첫 아내 메리와 앞을 못 보던 딸은 열병으로 죽었다. 찰스 2세가 왕위에 오르면서 지난 20년 동안 분리주의자 그리스도인들이 누리던 자유는 끝났고, 버니언은 무허가로 설교했다는 이유로 1660년에 감옥에 갇혔다. 12년 동안 그는 병이 창궐하는 베드포드의 감옥에서 야위어 갔고, 아내와 네 자녀와 생이별한 것을 괴로워했다. 그는 "이곳에 있는 나에게 종종 그 이별은 뼈에서 살을 뜯어내는 것과 같은 고통이었다"[14]고 쓴 뒤 이렇게 덧붙였다. "평소에 내게 새 힘을 주시던 그 하나님과 그 위로가 무엇인지 생각조차 안 날 정도로 그동안 내 마음은 어둠으로 가득 차 있었다."[15] 신교 자유의 선언이 공표되어 출소했던 버니언은 나중에 분리주의자들에 대한 박해가 재개되면서 다시 6개월간 옥고를 치렀다.

코리 텐 붐(Corrie Ten Boom, 1892-1983)은 경건한 가정에서 자라며 다섯 살 때부터 그리스도를 믿었다. 1944년에 독일의 비밀경찰은 텐 붐 일가가 유태인들을 숨겨 주고 있다는 정보를 입수하고 그들 일가를 감옥에 보냈다. 코리의 아버지는 거기서 열흘 만에 세상을 떠났고, 코리는 독방에 갇혀 겨우 목숨을 부지할 만한 식량만 배급받았다. 코리는 동생 베치와 함께 심문과 고문을 당했으나, 그럼에도 자신을 감금한 사람들에게 신실하게 그리스도의 사랑을 나누었다.

4개월 후에 코리와 베치는 라벤스브뤼크 수용소로 이송되어 400명을 수용할 수 있는 막사에서 1,400명의 포로들과 함께 살았다. 코리가 지극정성으로 간병한 보람도 없이 베치는 도착한 지 얼마 안 되어 목숨을 잃었다. 날마다 포로들이 총살되는 소리를 듣고 화장로에 연기가 피어오르는 것을 보면서 코리는 자신도 곧 가스실로 끌려갈 것만 같아 두려웠다. 다행히 코리는 행정 착오로 1944년 12월 31일에 풀려났는데, 그로부터 1주일도 안 되어 코리의 연령 집단에 속한 여자들이 모두 살해되었다. 그 후로 코리는 세 차례나 뇌졸중을 앓으며 언어 장애로 고생했지만, 그 와중에도 세상의 어려운 사람들을 대변하는 일을 중단하지 않았다.

그 밖에도 우리에게 잘 알려진 인물로서 여러 모양으로 고난을 당한 그리스도인들은 다음과 같다.[16)]

- 아우구스티누스(354-430). 당대의 유수한 성직자요 신학자이던 그는 자신의 아들 아데오다투스(Adeodatus)가 이상한 병으로 죽자 깊은 시름에 잠겼다. 그 일로 아우구스티누스는 사랑의 하나님이 어떻게 자신의 사랑하는 아들을 데려가실 수 있는지를 놓고 씨름했고, 그동안 굳게 믿었던 많은 내용도 의심했다. 이런 시련을 통해 하나님은 이 종을 전폭적인 순

복의 자리로 부르셨다.

- 아빌라의 테레사(1515-1582). 갈멜 수도원에서 지내던 테레사는 주변에서 그녀의 장례 준비를 다 마쳤을 정도로 병세가 위중했다. 회복된 후에도 그녀는 3년 동안 몸이 마비되어 걷지 못했고 나중에는 말라리아와 관절염에 걸렸다. 그녀의 지도하에 수도원에 부흥이 일어나자 반대파 사람들은 그녀가 기존의 정통성에 도전한다며 로마의 종교재판에 회부해 죄를 물었다.

- 데이비드 브레이너드(David Brainerd, 1718-1747). 그는 어린 시절에 부모를 여의었다. 예일 대학 시절에는 홍역과 결핵에 걸렸고, 대각성 운동을 반대하는 한 교수를 심하게 비판했다가 학교에서 쫓겨났다. 그는 미국 원주민의 선교사가 되어 광야에서 혼자 살면서 외로움, 질병, 성과가 없어 보이는 사역, 우울증 발작 등으로 고생했다.

- 프리드리히 폰 휘겔(Friedrich von Hügel, 1852-1925). 오스트리아 태생의 영성 지도자이자 작가인 그는 발진티푸스에 걸려 몸이 허약해졌고 청력도 거의 잃었다. 그의 맏딸 거트루드는 서른여덟에 죽었다. 휘겔은 자신의 병든 몸과 사별을 생각하면서 "삶이 깊어 갈수록 고난도 깊어 간다"고 썼다. 우리의 바람과는 반대로 "하나님은 우리 삶을 온통 깔끔하고 정연하고 편안하게 해주지 않으신다."[17]

- 에이미 카마이클(Amy Carmichael, 1867-1951). 55년간 인도에서 사역하면서 사원의 매매춘제도와 불의한 카스트제도에서 가난한 아이들과 젊은 여자들을 구해 낸 카마이클은, 만성 신경통과 뎅기열, 우울증, 당국의 방해, 사탄의 공격 등으로 평생을 고생했다. 그녀는 예순네 살에 구덩이에 떨어져 다리가 부러지고 척추에 부상을 입는 바람에 남은 20년은 거

> "사방이 워낙 꽉 막혀 있어 나는 눈을 하늘로 들고 하나님을 부르는 수밖에 없었다."
> _아빌라의 테레사

의 침대에 누워서 지냈다.

지금까지 성경과 기독교 역사에서 대략 살펴보았듯이, 많은 유명한 그리스도인들이 하나님의 섭리 가운데 여러 가지 시련을 겪었다. 하나님은 평온한 시절이 아니라 고난의 시절에 자녀들의 삶 속에 가장 깊은 작업을 해내신다. 영성 작가 장 피에르 드 코사드(Jean Pierre de Caussade)에 따르면, "하나님은 상념을 통해서가 아니라 고난과 역경을 통해서 우리의 마음을 지도하신다."[18]

내 삶에 찾아온 고통

나도 살면서 고난을 겪으며 중요한 교훈을 많이 배웠다. 이 책을 쓰는 동안 난데없이 요통이 찾아왔는데, 의사들은 요추 융합 수술을 권했다. 엎친 데 덮친 격으로 수술을 받느라 병원에 있던 중에 포도상구균에 감염되었고, 얼마 후에는 탈장으로 수술해야 한다는 진단까지 받았다.

나는 또 20년째 메니에르병을 안고 사는데, 내이(內耳)에 물이 고여 압박을 가하면서 가끔씩 어찔어찔한 현기증을 일으키는 병이다. 이전에 수술을 두 차례나 받고 최근에 치료도 해서 증세가 가라앉았나 싶었는데, 허리 수술 때문에 네 시간 반을 마취 상태로 있다 보니 메니에르병이 도졌다. 몇 달 동안 이것만 치료하는 데도 현기증과 구토증 같은 지독한 부작용이 뒤따랐다.

그렇게 허리의 대수술 외에도 내이에 화학 외과 요법을 받고 탈장 수술까지 받고 나니 다시 몇 달 동안 통증과 피로에 시달려야 했다. 나는 스스로를 고난받는 욥에 빗대며 몸도 마음도 야위어 갔다. 이 고난의 시절에 나는 "하나님, 왜 저에게 이런 고통을 허락하십니까?"라고 물으며 하나님과 씨름했다. 내가 믿기로는, 그 물음에 대한 대답으로 하나님은 그동안 방향이 어긋나는 고통의 시절에 대해 글을 써 온 나에게 이제 그것을 직접 경험하게 해주겠다고 말씀하셨다. 내가 머리로만이 아니라 체험을 통해 고난을 이해할 수 있도록 하신 것이다. 우리의 삶 가운데서 이런 예기치 못한 방식으로 일하시는 하나님이 과연 그분답지 않은가 하고 생각했다.

이 시련을 통해 나는 다른 방법으로는 배울 수 없는 교훈들을 배웠다. 이를테면 인생이 덧없다는 것과 우리에게 사람들이 필요하다는 것을 느꼈고, 아파하는 사람들에게 공감할 수 있게 되었으며, 하나님을 더 깊이 의지하게 되었다. 또 하나님 아버지께서 피로 값 주고 사신 자녀들을 어떻게든 그 아들의 형상으로 다시 빚으시려고 열심히 일하신다는 것도 배웠다.

시련과 고난의 구속적 결과

얼마 전에 어느 라디오 설교자는 그리스도께서 이미 악의 세력을 모두 정복하셨으므로 그리스도인의 삶에 고난이란 무의미하다고 주장했다. 그는 "고난이 닥쳐올 때는 어떻게 하면 됩니까?"라고 물은 뒤 "고난에서 벗어날 길을 찾으면 됩니다"라고 힘주어 말했다.

> "역경은 두꺼비처럼 흉하고 독이 있지만 그 쓰임새가 이로워 머릿속에 귀한 보석을 만들어 낸다."
> _윌리엄 셰익스피어

물론 역경과 고난은 사람의 기를 꺾어 희망을 잃고 절망하게 만들 수 있다. 하지만 그 설교자의 처방에는 중요한 진리가 빠져 있다. 인류가 타락해 불순종과 죄에 빠진 결과로 고난은 피할 수 없는 인생의 현실이 되었다는 사실이다. 그뿐 아니라 하나님은 종종 삶의 고생과 고통을 통해 우리를 성숙하게 빚으신다. "고난은 가장 훌륭한 스승이요 인생의 면류관이다"[19]라고 역설한 휘겔의 말이 맞다. 휘겔은 또 "견고한 기초는 하나님, 그리스도, 고난, 십자가이니 그 기초 위에 서라"[20]고 조언했다.

하나님의 깊고 신비로운 목적을 우리가 다 이해할 수는 없지만, 고난은 더 큰 축복의 근원이 될 수 있다. 지금부터 우리가 지는 십자가의 구속적(救贖的) 결과를 몇 가지 살펴보자.

우선 고생과 고난을 통해 우리는 자신을 알게 되고 자신이 부족한 존재임을 깨닫게 된다. 우리는 한계상황에 몰려 보기 전에는 자신이 한낱 흙으로 지어진 존재임을 모를 때가 많다. 역경은 성품을 키워 주고, 겸손, 인내, 용기, 신뢰 같은 자질을 길러 준다. 믿음에 시험이 닥칠 때, 우리는 사나운 풍랑을 참고 견디면서 그것을 계기로 영적 성품을 기르게 된다. 바울은 성품을 길러 주는 고난의 가치를 "이는 환난은 인내를, 인내는 연단을, 연단은 소망을 이루는 줄 앎이로다"(롬 5:3-4)라고 증언했다.

고난이 성품을 길러 주는 예를 나비의 한살이에서 볼 수 있다. 나비는 고치를 뚫고 나오려고 고치의 안쪽 벽을 계속 날개로 톡톡 친다. 이때 누가 나비의 탈출을 도와주려고 고치에 일부러 구멍을 내 주면 그 나비는 생존에 필요한 힘을 얻지 못해 결국 죽고 만다.

세계 정상의 사이클 선수 랜스 암스트롱(Lance Armstrong)은 몇 년 전에 고환암 진단을 받았다. 다른 기관들에까지 전이되어 목숨을 위협하던 암은 전문 치료와 본인의 꿋꿋한 투병 덕분에 기세가 꺾였다. 랜스 암스트롱 재단을 홍보하고자 공중파 텔레비전 방송에 출현했을 때 그는 암이라는 적에게 이렇게 정면으로 맞섰다. "암이여, 네 덕분에 오늘의 내가 있노라. 암이여, 네 덕분에 나는 더 똑똑해지고 더 꿋꿋해졌으며 기적을 믿게 되었노라."

아울러 괴로운 고통은 우리 삶을 지배하는 죄를 점점 무력하게 만든다. 가슴을 쥐어짜는 시련은 우리의 고집스러운 의지를 꺾어 놓고, 죄악의 욕심을 몰아내고, 부끄러운 행실을 고쳐 준다. 불로 금의 불순물을 제거하고,[21] 포도를 짓이겨 즙을 짜내고, 포도나무에서 죽은 가지를 쳐 내듯이 고난에도 영혼을 연단하는 힘이 있다. 시편 기자는 "고난당하기 전에는 내가 그릇 행하였더니"(시 119:67)라고 고백했고, 베드로는 "육체의 고난을 받은 자는 죄를 그쳤음이니"(벧전 4:1)라고 말했다. 바울도 "육체에 가시"를 품고 살아야 했다. 영국의 개혁가 윌리엄 틴데일(William Tyndale)은 "성령께서는 환란을 통해 우리를 깨끗하게 하시고 육적인 꾀와 세상적인 생각을 죽이신다…그제야 우리는 하나님의 지혜로 충만해질 수 있다"[22]고 증언했다.

고통의 시절은 또한 하나님과의 관계를 깊어지게 해줄 수 있다. 인간의 이기심은 편안한 시기보다는 힘든 시기에 더 잘 죽는다. 우리는 삶이 순탄할 때는 자신의 자원에 의존하는 경향이 있지만, 삶이 무너져 내리면 우리를 도우실 수 있는 분이 하나님뿐임을 직관적으로 알고 그분께 나아간다. 변화와 성장에 필요한 노력보다 변화되지 않고 그냥 사는 고통이 더 커지면 비로소 우리는 하나님을 구한다. 장 칼뱅은 "역경에 시달릴수록 우리와 그리스도의 교제는 더 공고히 다져진다!"[23]고 선포했다. 고난은 우리를 하나님과 더 가까워지게 할 수도 있고 하나님과 더 멀어지게 할 수도 있다. 그 차이는 우리가 어떻게 반응하느냐

> "우리가 여간해서는 믿지 못하지만, 하나님은 사랑하시는 사람들에게 십자가를 지워 주신다. 그런 십자가 없이도 우리를 구원하실 수 있지만 일부러 그렇게 정하신 것이다. 인간이 다 자란 성인으로 태어나지 않고 연약하고 문제 많은 아동기를 거쳐 장성해 가도록 정하신 것과 같은 이치다."
> _프랑소아 페넬롱

에 달려 있다.

그런가 하면 우리는 고난을 통해 다른 사람들의 아픔에 공감할 줄 알게 된다. 자식과 사별한 사람 앞에서 같은 일을 겪어 본 부모보다 더 가슴이 찢어질 사람이 누가 있겠는가? 암 환자의 절망을 역시 암으로 고통받아 본 사람보다 더 잘 느낄 수 있는 사람이 누가 있겠으며, 결혼 생활에 실패한 고통을 버림받은 배우자보다 더 절감할 사람이 누가 있겠는가? 사도 바울은 고난당한 덕분에 공감의 은사를 개발하게 되었고, 그래서 하나님을 이렇게 찬양했다. "그는…자비의 아버지시오, 모든 위로의 하나님이시며, 우리의 모든 환난 중에서 우리를 위로하사, 우리로 하여금 하나님께 받는 위로로써 모든 환난 중에 있는 자들을 능히 위로하게 하시는 이시로다"(고후 1:3-4). 다른 사람들의 시련에 공감하다 보면 우리는 종종 그에 비하면 내 문제는 별 것 아님을 깨닫는다.

아울러 하나님은 재난을 오히려 하나님 나라를 진척시키는 계기로 전환시키실 때가 많다. 1999년 컬럼바인 고등학교에 총기 난사 사건이 났을 때 우리 부부도 성경책을 손에 들고 인근 클레멘트 공원에 나갔다. 사람들이 흐느끼고 있었고 급조된 여러 기념물에는 성경 구절과 영적 위로의 말들이 적혀 있었다. 프랭클린 그레이엄(Franklin Graham)이 말씀을 전한 야외 추도 예배에 7만 5천 명이 운집했다. 비극 앞에서 망연자실해진 주민들이 몇 주 동안 현지 교회들을 가득 메웠다. 덴버의 한 텔레비전 방송국은 "전문 상담자들이 리틀턴으로 쇄도하고 있지만 아이들은 교회로 몰려가고 있다"고 보도했다. 컬럼바인 참사를 계기로 작은 부흥이 일어났고, 비극을 통해 인생을 달리 보게 되면서 많은 사람이 그리스도를 믿게 되었다.

우리는 본능적으로 고난에 저항하지만 때로 하나님은 고난을 통해 우리 삶에 가장 중요한 일을 이루신다. C. S. 루이스는 고통이 결국 알고 보면 "잔인한 자비"[24]일 때가 많음을 경험을 통해 배웠다. 야고보는 "친구 여러분, 시험과 도전이 사방에서 여러분에게 닥쳐올 때, 그것을 더할 나위 없는 선물로 여기십시오. 여러분도 알다시피, 시련을 겪을수록 여러분의 믿음 생활은 훤히 그 실체가 드러날 것입니다. 그러니 성급하게 시련에서 벗어나려고 하지 마십시오. 시련을 충분히 참고 견디십시오. 그러면 여러분은 성숙하고 잘 다듬어진 사람, 어느 모로 보나 부족함이 없는 사람이 될 것입니다"(약 1:2-4, 「메시지」)라고 썼다. 영성 작가 페넬롱은 이런 말을 했다. "세상은 '고난당하는 사람들은 얼마나 비참한가!'라고 말하지만, 내 마음 깊은 곳에서 믿음은 '고난당하지 않는 세상이야말로 얼마나 비참한가!'라고 되받는다."[25]

모든 고난의 직접적 원인을 죄라고 보는 통념은 쉽게 사라지지 않는다. 욥의 세 친구도 그런 통념을 선의의 위로랍시고 늘어놓았지만 그것은 틀린 생각이었다. 앞에서 보았듯이, 가장 성인(聖人)에 가까운 영혼들이 가장 극심한 고난을 받은 경우가 많다. 지혜로우신 하나님은 연단할 만한 금을 보시면 대개 뜨겁게 가열하신다. 14세기에 "개혁의 샛별"로 떠오른 존 위클리프(John Wycliffe)는 그것을 이렇게 표현했다. "가장 거룩한 사람들일수록 가장 시험을 많이 받은 사람들이다. 산이 높을수록 바람도 거세지는 법이다. 엄마가 이따금 어린 자녀에게 보이지 않게 숨는 것처럼 하나님도 그분의 자녀와 숨바꼭질을 하신다. 그러다 곧 다시 끌어안고 눈물을 닦아 주신다."[26]

정유업으로 억만장자가 된 에드워드 배스(Edward Bass)는 1991년에 애리조나 주 투산 근처에 유리로 완전히 밀폐된 바이오스피어2라는 대형 온실을 지었다. 인간이 지구의 복잡한 생태계를 복제할 수 있는지, 또한 그런 인공적인 환경 속에서도 잘 살아갈 수 있는지를 보려고 7개국 출신의 과학자 여덟 명이 이 돔형 온실 속에서 생활했다. 온실에는 산소, 곤충, 어류, 모조 열대우림, 식량을 재배할 토양, 기계로 파도를 일으키는 인공 바다 등 지구의 환경이 그대로 다 갖추어진 듯 보였다. 그 안의 풀과 나무가 야생 식물보다 빨리 자라자 과학자들은 고무되었다. 그러나 많은 식물이 재생 능력을 갖추기도 전에 쓰러지는 것을 보고는 그들은 당황했다. 문제를 조사해 본 결과 온실에 바람이 없어 나무가 비슷한 야생종보다 훨씬 약해졌다는 결론이 나왔다. 바이오스피어2는 튼튼한 종이 나오려면 거센 맞바람이 필요하다는 사실을 잘 보여 준다. 우리가 천국을 향한 여정을 가며 이생에서 겪는 시련과 고난도 결국은 우리의 성품과 영혼을 더 튼튼하게 해준다.

극단적인 금욕의 고통

그리스도인들 중에는 고난의 구속적 가치를 인식하긴 하되 그것이 우리의 삶에서 차지하는 자리를 잘못 이해한 나머지 어리석게 고통을 자초한 사람들이 있다. 일부 사막의 교부들은 육체가 영혼에 무거운 짐이 되므로 육체를 죽여야 한다는 믿음에서 극단적인 금욕(몸을 괴롭게 하는 고행)을 실천했다. 사막의 교부인 이집트의 안토니우스(Antonius of Egypt, 251경-356경)는 85년 동안 시내(Sinai) 광야에서 금식하며 극도로 금욕적인 삶을 살았다. 이집트의 어떤 수도사들은 잠까지 마다하며 기도를 쉬지 않았다고 하여 "불면의 무리"로 알려졌다. 기둥 위의 성자 시므온(Simeon Stylites, 390경-459경)은 죽을 때까지 30년 동안 1.8미터 높이의 기둥 위에 앉아 있었다. "고통 때문에 그의 발에 뼈와 힘줄이 보였다. 시므온은 고통을 너무 좋아해 고통으로 죽음을 자초했다."[27]

그런가 하면 빵과 물로만 연명하고, 못으로 만든 침상에서 자고, 가시로 엮은 옷을 걸치고, 맨발로 뱀과 전갈을 밟는 식의 가혹한 금욕을 실천한 수사들도 있다. 클레르보의 베르나르(Bernard of Clairvaux, 1090-1153)는 장기간 먹지도 않고 자지도 않다가 건강을 해쳤는데, 다음은 그가 남긴 글이다. "하나님 종의 육체가 지독한 철야로 돌처럼 굳어지다시피 하고 혹독한 금식으로 뼈만 남게 되면, 그 훌륭한 종의 육체는 죽은 후에 '향긋한 사과처럼 좋은 냄새'가 날 것이다."[28] 독일의 신비주의자 헨리쿠스 수소(Henricus Suso, 1300경-1366경)는 지금 고통을 치르면 내생의 더 큰 고통에서 벗어나리라고 믿고 자신의 등에 십자가를 박았다.[29]

하지만 우리가 스스로 벌을 받는다고 해서 하나님이 우리에게 호의를 더 베푸실 것이라는 생각은 금물이다. 인간이라면 누구에게나 평생 닥치는 것이 고난이지만, 그렇다고 성경에 고생을 일부러 사서 하라는 말은 없다. 사도 바울은 "(거짓) 겸손과 몸을 괴롭게 하는"것은 "육체 따르는 것을 금하는 데는 조금도 유익이 없"(골 2:23)다며 그것을 경계했다. 장 피에르 드 코사드는 악착같이 자아를 죽이려 드는 영혼들일수록 "그 금욕의 행위 속에 자아가 시퍼렇게 살아 있다"[30]고 꼬집었다. 영적 훈련들을 사랑으로 행하면 그리스도를 닮은 모습으로 성숙해 가는 데 도움이 되지만, 그런 훈련들 자체가 죄를 없애 주거나 하나님의 호의를 얻게 해주는 것은 아니다. 우리에게 유익이 될 시련과 고난이 무엇인지는 하나님만이 아시므로 우리는 고난을 선택하는 일을 기꺼이 그분께 맡기는 것이 좋다.

시련 중의 위로

인간의 본성도 급류의 물줄기처럼 저항이 가장 적은 길을 찾는다. 고난과 고통을 야기하는 것이면 대체로 무조건 피하는 것(금욕주의자들과 달리)이 인간의 성향이다 보니 흔히 우리 문화를 가리켜 "고통을 회피하는"31) 문화라고 한다. 하나님은 그리스도인들에게 고난을 면하게 해주겠다고 약속하신 적이 없고, 다만 결코 시련을 우리 혼자 당하게 하지 않겠다고 **약속하셨다**. 과연 우리에게는 직접 경험을 통해 우리의 고난을 이해하시는 큰 대제사장이 계시다(히 4:15). 괴로운 사건을 통해 하나님은 우리를 여정의 이전 단계에서 미처 해결하지 못한 영적·정서적 문제와 씨름하도록 부르실 수 있다. 시련은 또한 우리가 아까워하는 삶의 어떤 부분을 마땅히 주님께 넘겨 드리라는 초대일 수 있다. 시련 속에는 거의 언제나 예수님의 제자로서 하나님 나라의 우선순위에 더 의지적으로 헌신하라는 부르심이 담겨 있다.

> "이 땅의 평화는 우리의 욕심에 어긋나는 일들을 면하거나 모든 유혹에서 구원받는 데 있지 않고, 오히려 그런 일들을 받아들이는 데 있다."
> _프랑소아 페넬롱

어떤 사람들은 골치 아픈 시련이 "나의 멍에를 메고 내게 배우라…내 멍에는 쉽고 내 짐은 가벼움이라"(마 11:29-30)고 하신 예수님의 초대와 모순된다고 본다. 그러나 예수님이 말씀하신 멍에는 율법과 바리새인들의 규정을 꼼꼼하게 준수해야 하는 짐을 가리킨다. 우리가 인생의 피할 수 없는 시련에 허덕일 때 예수님은 곁에 오셔서 우리의 짐을 져 주시고 상처를 싸매 주신다. 아무리 지지는 듯한 불일지라도 그분은 시련을 감당하기에 충분한 은혜로 그

> "그리스도를 본받을 생각은 없이 편하고 안이한 것만 찾는 영성을 나는 가치 있게 여기지 않는다."
> _십자가의 요한

불꽃을 꺼 주신다. 바울은 하나님이 변함없이 신실하신 분임을 직접 경험을 통해 배웠다. "하나님은…너희가 감당하지 못할 시험 당함을 허락하지 아니하시고 시험 당할 즈음에 또한 피할 길을 내사 너희로 능히 감당하게 하시느니라"(고전 10:13).

방향이 어긋나 영혼이 괴로울 때 예수님은 우리의 모범이시다. 우리 주님은 자신이나 자신을 따르는 사람들이나 모두 고난의 길을 가야 한다고 역설하셨다. "종이 주인보다 더 크지 못하다"(요 15:20)고 하셨으므로 신실한 제자들은 예수님이 고난을 당하신 것처럼 마땅히 고난을 각오해야 한다. 사도들이 공통으로 가르친 이 주제는 예수님이 고난을 면하지 못하셨듯이 그분의 친구들도 다를 바 없음을 가르쳐 준다.[32] 아시시의 프란체스코(Francesco d'Assisi)는 "하나님이 이 땅에서 이 길을 가셨다면, 어찌 나 또한 그 길을 가지 않을 수 있으랴"[33]라고 고백했다. 베드로가 말한 것처럼, 괴로운 시련을 견디는 그리스도인들은 우리 주님 자신의 고난에 동참하는 것이다(벧전 4:13). 알고 보면 고난이 클수록 그리스도와의 교제도 그만큼 깊어질 때가 많다.

이렇듯 괴롭고 난감한 시련은 하나님이 우리를 연단하시는 도구가 된다. 바울은 그것을 이렇게 표현했다. "이 삶에는 그리스도를 신뢰하며 사는 것만 있는 것이 아니라, 그리스도를 위해 받는 고난도 있습니다. 고난은 신뢰만큼이나 값진 선물입니다"(빌 1:29, 「메시지」). 고난과 변화와 하나님 나라를 상속받는 일은 모두 밀접하게 연관되어 있다. 우리를 무기력하게 하는 삶의 모든 시련 속에서도 하나님은 늘 우리의 공급자요 보호자이시며 우리 곁을 떠나지 않는 친구이시다.

시인이며 찬송가 작사가인 윌리엄 카우퍼(William Cowper, 1731-1800)는 수

시로 심한 우울증에 시달리다 결국 신경쇠약으로 정신병원에 수용되었다. 영적·정서적 고뇌 속에서 탄생한 카우퍼의 시와 찬송은 고난당하는 성도들에게 끝까지 주님 안에서, 그분의 길에서 인내할 것을 독려한다. 애창되는 그의 찬송가 "주 하나님 크신 능력"(1774년)의 다음 두 절을 묵상해 보라.

주 하나님 크신 능력
   참 신기하도다.
바다와 폭풍 가운데
   주 운행하시네.

다 알 수 없는 주 섭리
   그 은혜 믿도다.
이 고통 뒤에 감추인
   주 얼굴 뵈오리.[34]

개인 및 그룹의 묵상과 토론을 위한 질문

1. 고난이 아무리 괴로울지라도 하나님은 종종 그것을 통해 당신을 영적으로 자라게 하시고 그분을 더 사랑하게 하신다. 이번 장을 읽으면서 그 사실을 얼마나 더 잘 이해하게 되었는가?

2. 당신의 삶에서 영적으로나 정서적으로 크게 안정을 잃었던 시절을 떠올려 보라. 그 도전에 당신은 어떻게 반응했는가? 벗어날 길을 찾거나 하나님께 반항하기보다 시련 속에서 그분을 온전히 신뢰한다는 것이 얼마나 어려웠는가?

3. 지금까지 당신이 지나온 여정을 되돌아보라. 하나님이 어떻게 방향이 어긋나는 고통의 시절을 통해 당신을 자아에 대해 죽게 하시고 당신의 인생을 향한 그분의 목적을 깨닫게 하셨는가?

3

고난의 원인

나는 재를 양식같이 먹으며, 나는 눈물 섞인 물을 마셨나이다.…
내 날이 기울어지는 그림자 같고 내가 풀의 시들어짐 같으니이다.

시편 102:9, 11

내 친한 친구 브라이언은 몇몇 유수한 기독교 기관에서 귀하게 섬겼고, 해외에서 사역하던 중에 만난 아내 새라와의 결혼 생활도 동화책처럼 행복했다. 그런데 세월이 흘러 비극이 찾아왔다. 스키장에서 안전 요원으로 일하던 아들이 스키 사고로 목숨을 잃었고, 얼마 후에 딸도 유방암으로 오랜 투병 끝에 죽었다. 그런 뒤 브라이언이 은퇴의 수순을 밟을 무렵에 새라에게 알츠하이머병 초기라는 진단이 떨어졌다. 그런데 나중에 컴퓨터 촬영을 해 보니 그것은 오진이었고, 새라는 뇌에 물이 차는 뇌염에 걸려 뇌압이 정상보다 20배나 높았다. 새라는 남편의 눈앞에서 급속도로 악화되다가 몇 주 만에 세상을 떠났다.

아내가 죽은 후에 브라이언은 외로움과 의문에 파묻혔다. '사랑하는 새라 없이 혼자 어떻게 살아갈 것인가? 주님을 사랑하고 평생 다른 사람들을 섬긴 나에게 어떻게 이 모든 일이 벌어질 수 있단 말인가?' 브라이언은 오진한 의료진에게는 물론 하나님에게까지 화가 났다.

충격과 슬픔이 어느 정도 가라앉자 브라이언은 자신에게 닥친 혹독한 운명을 곰곰 생각해 보았다. 이런 단장의 아픔과 재앙은 인간이기에 당하는 불가피한 결과인가? 아니면 단순히 의료진의 오진과 태만이 그를 피해자로 만든 것인가? 그의 사랑하는 가족들은 마귀와 그 수하들의 잔인한 공격에 먹이가 된 것인가? 아니면 하나님이 예컨대 구원받지 못한 가족들과 친구들을 그리스도께로 인도하기 위해서라든가 하는 어떤 더 높은 목적을 위해 이런 재난을 허락하신 것인가? 이처럼 신앙이 설명을 요구할 때 우리는 브라이언 같은 성도들이 이 땅에서 고난당하는 이유를 과연 어느 정도라도 이해할 수 있을까? 우리는 신앙의 여정 중에 방향이 어긋나는 일을 종종 경험하는데, 이번 장에서는 성경과 옛 성도들의 도움으로 그 주요 원인들을 알아보고자 한다.

죄성을 지닌 인간의 마음

영혼이 고통당하는 가장 일반적인 원인은 아직도 신자들 속에 자리하는 죄성의 잔재다. 악한 욕망과 정욕을 그냥 내버려 두면 그것이 그리스도께서 그분의 사람들에게 주신 평안을 갉아먹는다. 타락한 본성의 효력을 우리의 부실한 선택과 해로운 행동이 더 악화시키는 것이다. 신학자이자 교회 지도자인 히포의 아우구스티누스가 정확히 말했다. "인류를 괴롭히는 온갖 잡다한 형벌을 악한 사람들의 악의와 악행의 결과로 생각할 것이 아니라 단순히 인류 공동의 타고난 본성과 불운한 운명으로 생각하라."[1]

그리스도인의 옛 본성과 내주하시는 하나님의 영 사이에 내적 싸움이 벌어진다. 우리의 악한 욕심과 성령이 치열하게 맞붙어 싸우는 것이다. 바울은 그것을 이렇게 표현했다. "육체의 소욕은 성령을 거스르고 성령은 육체를 거스르나니, 이 둘이 서로 대적함으로 너희가 원하는 것을 하지 못하게 하려 함이니라"(갈 5:17).

> "이렇게 두 의지(새 의지와 옛 의지, 영적 의지와 육적 의지)가 내 안에서 싸우며 그 불화로 내 영혼을 망쳐 놓았다."
> _히포의 아우구스티누스

죄를 고백하지 않고 그냥 두면 그것이 영혼과 하나님의 관계를 갈라놓는다. 이사야는 고집스런 이스라엘 백성에게 "오직 너희 죄악이 너희와 너희 하나님 사이를 갈라놓았고 너희 죄가 그의 얼굴을 가리어서"(사 59:2)라고 지적했다. 이를테면, 성경은 그리스도 안의 형제자매를 사랑하지 않는 사람들은 어둠 속에서 행하고 있다고 말한다(요일 2:11). 하나님과의 교제가 위축되면 신자의 영혼은 괴로워진다. 그래서 다윗은 "주의 얼굴을 가리시매 내가 근심하였나이다"(시 30:7)라고 안타깝게 고백했다.

아울러 교만, 원망, 분노, 강박적인 행동 습성 같은 문제들도 하나님과의 교제를 방해한다. 경건하지 못한 충동과 행동은 영혼을 하나님이 멀어 보이는 잿빛 세상으로 내몬다. 또한 죄를 자백하지 않으면 기도가 막히면서 영적으로 불안해진다.[2] 그래서 시편 기자는 "내가 나의 마음에 죄악을 품었더라면 주께서 듣지 아니하시리라"(시 66:18)고 고백했다. 프란시스 드 살레(Francis de Sales)는 "작은 죄들이 영혼을 죽이지는 않겠지만 그것이 나쁜 습관들이 되어 당신을 칭칭 감으면 신앙이 힘들어진다"[3]고 말했다.

양심은 마음의 도덕적 잣대이기에, 죄는 우리 안에 불편한 죄책감을 낳는다. 다윗은 간음죄와 살인죄를 지은 후에 "내 죄악이 내 머리에 넘쳐서 무거운 짐 같으니 내가 감당할 수 없나이다"(시 38:4)라고 탄식했다. 예언자 이사야도 시대를 초월하는 자명한 도덕적 이치를 이렇게 선포했다.

> 그러나 악인은 평온함을 얻지 못하고
> 　그 물이 진흙과 더러운 것을 늘 솟구쳐 내는
> 　요동하는 바다와 같으니라.
> 내 하나님의 말씀에
> 　악인에게는 평강이 없다 하셨느니라. (사 57:20-21)

웨일즈의 장로교인 크리스토퍼 러브(Christopher Love)는 "당신이 하나님의 법을 어기면 하나님이 당신의 평안을 깨뜨리실 것이다"[4]라고 단언한 뒤 이렇게 덧붙였다. "숨은 죄가 하나님의 자녀를 지옥으로 데려가지 않을지는 모르나 한동안 그의 양심에 지옥을 불러들일 수 있다."[5]

인간은 영혼과 육체가 연합된 존재이므로 죄를 고백하지 않으면 그 징후가 몸과 마음의 고통으로 나타난다. 다윗은 밧세바와 간음하고 그녀의 남편 우리아를 교묘하게 살해한 일을 돌아보며 다시금 자신의 고통을 이렇게 토로했다.

내가 입을 열지 아니할 때에
종일 신음하므로
내 뼈가 쇠하였도다.
주의 손이 주야로 나를 누르시오니
내 진액이 빠져서 여름 가뭄에 마름같이 되었나이다. (시 32:3-4)

죄를 고백하지 않으면 하늘 아버지께서 슬퍼하시며 사랑의 매를 드신다. 모세는 이스라엘 백성에게 주님께 순종하지 않으면 괴로운 재난이 닥칠 것이라고 경고했다.[6] 시편 기자는 "여호와께서 나를 심히 경책하셨어도 죽음에는 넘기지 아니하셨도다"(시 118:18)라고 증언했다. 히브리서 기자는 마치 사랑하는 부모가 자녀를 징계하듯이 하나님도 그분의 자녀를 징계하신다고 가르쳤다(히 12:5-11). 계속 뻔한 죄를 지으며 위험한 길을 고집하기보다는 그분의 징계를 잘 받고 잘못을 버리는 편이 훨씬 낫다.

> "최악의 원수는 우리 마음속과 몸속에 남아 우리와 함께 자고 깨며 살아간다. 우리는 그것을 악한 손님으로 집 안에 불러 놓고는 여태 내쫓지 못하고 있다."
> _마르틴 루터

이렇듯 그리스도인이 고통당하는 주된 원인은 해결되지 않은 죄다. 타락한 인간의 마음이야말로 죄의 하드웨어, 즉 많은 고통의 근본 원인이라 할 수 있다. 그렇다면 그리스도인들이 양심을 살펴 자신이 아는 죄를 모두 자백하고 하나님 앞에서 빨리 해결하는 것이야말로 얼마나 중요한 일인가.

타락한 세상 질서

세상을 가리키는 말로 신약 성경에 쓰인 헬라어 단어는 주로 두 가지인데,[7] 여기서 우리가 살펴보려는 것은 '코스모스'(*kosmos*)라는 단어다. 이 단어는 하나님과 그분의 백성에게 적대적인 원리들을 중심으로 돌아가는 세상 질서를 가리킨다.[8] 코스모스는 어두운 시스템이고, 유독한 환경이며, 타락과 부패가 그 특징이다. 사도 요한은 "온 세상[코스모스]은 악한 자 안에 처한 것"(요일 5:19)이라 표현했다.

하나님은 이 세상을 변화시키라고 우리를 예수님의 제자로 부르셨다. 이 세상에서 우리의 사명은 하나님 나라를 세우시는 그분의 일에 충성스럽게 협력하는 것이다. 그런데 우리는 그리스도와 연합한 자이므로 코스모스에 속해 있지 않다(요 15:19). 16세기에 장 칼뱅은 우리는 다른 세상의 시민이므로 종종 "재물을 빼앗기고", "빈곤해지고", "자기 집에서 쫓겨나고", "괴롭힘과 멸시를 당하고", "수치와 치욕의 오명을 쓰고", 심지어 "죽임까지 당한다"[9]고 말했다. 세월이 흐른 지금도 사정은 달라지지 않았다. 선뜻 인정하기 어려울지 모르지만, 믿지 않는 세상은 예수님이 이 땅에 사실 때 그분을 멸시했던 것처럼 지금도 그리스도인들을 멸시한다. 십자가의 원수들이 가하는 적대적인 방해야말로 고금을 막론하고 하나님의 사람들이 짊어져야 할 운명이다. 학대와 박해가 너무 두려워 아예 신앙과 그리스도를 버린 신자들도 있다.

이 세상에서 섬기는 동안 그리스도인들은 자칫 감각에 호소하는 세상의 솔깃한 유혹에 넘어가기 쉽다. 신자들은 자신도 모르게 세상 풍조를 본받거나 세상의 욕망과 가치관을 강요당할 수 있다. 분별없이 무심코 있다가 타락한 도덕적·영적 환경이 우리를 더럽힐 뿐만 아니라 아예 지배할 수도 있다. "이 세상을 사랑하여"(딤후 4:10) 제자도를 버린 데마처럼 우리도 하나님의 백성이면서 마음은 현 세상의 질서에 팔려 있을 수 있다. 세속의 본질이란 하나님 말씀의 교훈과 무관하게 문화의 가치관에 휩쓸리는 것인데, 성도들도 자칫하면 그 세속에 물들 수 있다.

세상이 그 뿌리 깊은 악으로 우리를 사로잡도록 그냥 두면 우리는 영적 위험에 빠지고 만다. 세상과 연합하는 영혼은 하나님과 멀어지고 그 결과 영혼이 빈곤해진다. 그래서 요한은 "누구든지 세상을 사랑하면 아버지의 사랑이 그 안에 있지 아니하니"(요일 2:15)라고 분명히 말했다. 더 좋은 다른 세상에 속한 우리가 이 세상의 유혹에 넘어간다면 우리의 마음은 둘로 나뉘게 되고, 그렇게 분열된 애정은 결국 우리의 영혼을 슬픔에 빠뜨린다.

> "온 세상이 위기에 처해 있다. 일종의 광기(狂氣)가 인간 사회를 휩쓸며 완전히 파멸시키려 위협하고 있다."
> _토머스 머튼

사탄과 귀신들

그렇다고 고통과 고난이 다 죄나 타락한 세상 질서 때문에 생겨나는 것은 아니다. 시각장애인으로 태어난 사람에 관한 복음서의 기사(요 9:1-12)는 그 자명한 이치를 확증해 주면서 우리의 많은 문제가 직접적으로 마귀의 유혹에서 야기됨을 보여 준다.

성경이 사탄에게 붙여 주는 이름들을 보면 기만과 파괴를 일삼는 그의 활동이 여실히 드러난다.

- 원수(마 13:25, 39)
- 악한 자(마 13:19)
- 귀신의 왕(막 3:22)
- 거짓의 아비(요 8:44)
- 살인한 자(요 8:44)
- 이 세상의 신(고후 4:4)
- 광명의 천사(고후 11:14)
- 시험하는 자(살전 3:5)
- 우는 사자(벧전 5:8)

타락한 천사장이 간교한 유혹으로 성도들을 속이려고 온 땅을 돌아다니고 있다. 베드로는 "마귀가 덤벼들 태세를 하고 있습니다. 여러분의 방심을 틈타는 것보다 마귀가 좋아하는 것도 없습니다"(벧전 5:8, 「메시지」)라고 말했다. 악한 자는 광명의 천사로 가장하고 나타나 끊임없이 하나님의 사람들을 속이려 한다. 사탄의 궁극적인 목표는, 참되신 하나님을 예배하고 섬기지 못하도록 우리의 마음을 곁길로 나가게 하는 것이다. 그래서 바울은 "우리의 씨름은 혈과 육을 상대하는 것이 아니요 통치자들과 권세들과 이 어둠의 세상 주관자들과 하늘에 있는 악의 영들을 상대함이라"(엡 6:12)고 말했다.

우리의 영적인 적은 우리의 약하고 취약한 부분을 잘 안다. 방심하면 마귀와 그 수하들이 숨통을 조여 온다. 사탄은 교묘하게도 우리의 가장 큰 약점을 공격한다. 청교도 설교자 리처드 십스

> "사탄은 악을 즐기는 마음과 숨은 덫으로 우리를 쓰러뜨리려 한다. 사탄은 더없이 교묘한 솜씨로 악을 선으로 속이고 포장한다."
> _요한네스 카시아누스

(Richard Sibbes, 1537-1635)는 "사탄은 으레 담장이 가장 낮은 곳으로 넘어 들어온다"[10]고 말했다. 악한 자는 그리스도인들의 죄성을 공략하여 영혼을 괴롭히고, 낙심은 물론 아예 절망에 빠뜨리려 한다. 인간의 마음이 죄의 하드웨어라면 세상의 유혹과 사탄의 공격은 소프트웨어에 해당된다.

마귀가 신자들의 마음을 괴롭히는 주된 방법에는 여러 가지가 있다. 우선, 마귀는 우리의 사고를 공격하여 우리를 속이려 든다. 하나님의 진리를 희석하고 우리의 생각을 거짓으로 채워 결국 신앙이 약해지게 만드는 것이다. 악한 자는 또 하나님이 그분의 자녀들에게 무심하다든지, 심지어 하나님이 우리를 잡아먹으려 드는 무자비한 폭군이라는 식으로 하나님에 대한 잘못된 이미지들을 만들어 낸다. 이렇게 하나님을 잘못 알게 되면 영혼이 괴로워지고 그분과의 관계가 막힌다.

사탄이 우리의 죄성에 호소하는 또 다른 방법은 죄의 쾌락이 즐길 만한 것이라고 믿게 만드는 것이다. 많은 성도가 이 광명의 천사에게 속아 넘어간다. 그뿐 아니라 사탄은 두려움, 분노, 정욕, 우울 같은 일그러진 감정을 불러일으킨다. 거룩하지 못한 충동은 영혼을 어지럽히고 우리의 평안을 앗아간다. 이런 고통스런 경험의 예를 구약 성경의 사울에게서 볼 수 있는데, 하나님의 영이 그를 떠나시자 악령이 그 틈을 비집고 들어와 그를 괴롭히고 결국은 미치게 만들었다(삼상 16:14). 사탄은 낮은 자존감과 인정받고 싶은 욕구 등 각 사람의 상처 난 부위를 교묘히 공격하는 한편, 일중독과 완벽주의 같은 강박적인 행동 습성을 더욱 악화시킨다.

시험하는 자는 우리를 부추겨 명백한 죄를 저지르게 하고(작위의 죄), 하나님을 영화롭게 하는 선한 일을 하지 못하게 한다(부작위의 죄). 악한 자가 하나님의 아들이신 예수님도 야멸차게 유혹했다면 우리야 얼마나 더 홀려 죄를 짓게 하겠는가? 사탄이 사람을 꾀어 죄를 짓게 만든 예는 성경에 수없이 많이 나온다.[11] 이를테면, 사탄은 다윗을 부추겨 이스라엘에 인구조사를 실시하게 만들었고, 유다를 선동해 예수님을 배반하게 만들었다. 또 사탄은 아나니아를 꼬드겨 그들 부부가 판 땅값의 일부를 제멋대로 숨기고 하나님께 거짓말을 하게 만들었다.

그런가 하면 사탄은 거짓된 죄책감과 수치심으로 우리의 양심을 공격하기도 한다. 고발에 능한 그는 우리를 "너무 많은 근심에 잠"(고후 2:7)기게 하고, 어떤 때는 아예 절망에 빠뜨린다. 사탄의 이런 활동 때문에 우리는 하나님의 임재와 위로를 느끼지 못하게 된다. 아울러 악한 자는 양심이 지나치게 예민한 사람들을, "고질적인 죄를 끊지 못하는 사람은 이미 은혜에서 떨어져 천국을 잃은 것이다"라든지 "네 행동으로 보아 너는 처음부터 그리스도인이 아니었다"와 같은 부정적인 메시지로 공격한다. 한 청교도 목사는 "사탄은 우리가 은혜를 받지 못하게 할 수는 없으므로 어떻게든 은혜를 느끼지 못하게 할 것이다"[12]라고 예리하게 말했다.

사탄은 또한 신체적 고통도 야기할 수 있다. 욥기는 "사탄이 이에 여호와 앞에서 물러가서 욥을 쳐서 그의 발바닥에서 정수리까지 종기가 나게 한지라"(욥 2:7)라고 했다. 욥의 신체적 고통이 어찌나 심했던지 그의 아내는 그에게 하나님을 저주하고 죽으라고 다그쳤다. 한 유대인 여자가 18년 동안 몸이 마비되어 움직이지 못했던 것도 사탄 때문이었다(눅 13:11, 16). 사도 바울은 자기 몸의 가시, 즉 몸을 괴롭히는 병을 "사탄의 사자"(고후 12:7)라 표현했다. 악한 영의 세력이 우리 몸과 정신의 재화(災禍)를 일으킬 수 있음은 의심의 여지가 없는 사실이다.

끝으로, 사탄은 예수님을 따르는 사람들을 괴롭히는 박해를 조장한다.

감람 산에서 제자들을 가르치실 때, 주님은 현세에는 그런 박해가 있을 것이라고 예고하셨다. "그때에 사람들이 너희를 환난에 넘겨주겠으며 너희를 죽이리니, 너희가 내 이름 때문에 모든 민족에게 미움을 받으리라"(마 24:9). 요한은 서머나 교회를 향해 "마귀가 장차 너희 가운데에서 몇 사람을 옥에 던져 시험을 받게 하리니 너희가 십 일 동안 환난을 받으리라"(계 2:10)고 썼다. 사탄이 하나님의 백성을 압제하는 일은 박애와 인권의 원리를 존중한다는 요즘 세상에도 여전히 줄어들지 않고 있다.

몇 해 전에 나는 어느 초교파 집회에서 가르치던 중에 사탄과 그의 유혹을 지나가듯 언급했다. 강의가 끝난 후에 어느 주류 교단에 속한 여자 목사가 "마귀가 실제로 존재한다고 믿으시는 건 아니겠지요?"라며 나를 질책했다. 나는 마귀의 존재를 믿는다고, 성경에서 그에 대해 읽었고 직접 그와 부딪친 경험도 있다고 대답했다. 다음 날인가 그 다음 날 성령을 환영하는 예배가 있었는데, 진행자는 하나님의 영을 아직 개인적으로 알지 못하는 사람들은 앞으로 나와 기도를 받으라고 초청했다. 나를 꾸짖었던 여자가 몸을 심히 떨며 앞으로 나가 자신의 삶에 성령을 모셔 들였다. 그 후 교제 시간에 그녀는 나를 포옹하며 "제 신학도 고쳐야겠네요"라고 말했다.

무력한 우리 힘으로는 어두운 영적 세력과 싸울 수 없다. 악한 자를 거뜬히 이겨 내려면 하나님의 전신갑주를 입고 늘 기도하며 깨어 있어야 한다. 아울러 "마귀에게는 큰소리로 '안돼!' 하고 외치고, 마귀가 날뛰지 않는지 주시하십시오. 하나님께는 조용히 '예!' 하고 말씀드리십시오. 그러면 하나님께서 즉시 여러분 곁에 계실 것입니다"(약 4:7-8, 「메시지」). 기쁜 소식은 사탄이 신자들의 마음속에 있는 등불을 어두워지게 할 수 있을지는 몰라도 절대 끌 수는 없다는 것이다.

인생의 고달프고 불운한 일들

우리의 문제들 중 더러는 직장 생활의 실패, 사랑하는 사람의 죽음, 경제적 난관, 자연 재해 등 외적 위기에서 기인할 수도 있다. 이 글을 쓰는 현재, 중국 중부에서 발생한 리히터 규모 7.9의 지진으로 수만 명이 목숨을 잃었다. 또한 가난한 미얀마를 강타한 사이클론으로 이미 수십만 명이 죽었고, 앞으로도 기아와 질병으로 백만 명이 더 죽을 것으로 예고된다. 이런 대재난에서 살아남은 사람들은 그리스도인이든 그리스도인이 아니든 누구나 큰 고생을 겪게 마련이다.

그런가 하면 우리의 문제는 몸의 병이나 정서 질환 같은 내적 요인에서 비롯될

> "하나님은 변덕스러운 현실, 배은망덕한 인간, 실망스러운 일, 성공에 뒤따르는 실패 등을 활용해 우리를 이 창조된 세상과 그 안의 좋다는 것들에서 떼어 놓으신다."
> _프랑소아 페넬롱

수도 있다. 인간의 몸과 마음은 말할 수 없이 복잡해서 수많은 기관 중 하나만 제 기능을 잃어도 큰 고생이 따를 수 있다. 우리 그리스도인들은 심장병, 암, 치매 같은 몸의 큰 병으로 애를 먹을 수도 있고, 심리적 탈진, 우울증 등의 정서 질환으로 고생할 수도 있다.

이러한 내적·외적 스트레스 요인들은 대개 우리의 영혼마저 힘들게 한다. 인생이란 때로 평온하고 안정되어 보이다가도 순식간에 안정을 잃고 꼬일 수 있다. 앞서 말했듯이, 하나님은 자신의 자녀들에게 고난을 면하게 해 주겠다는 약속은 하지 않으셨으나 우리가 시련을 겪을 때 함께하시며 위로해 주실 것만은 분명히 약속하셨다. 지혜로우신 하나님은 인생의 괴롭고 불운한 일들을 사용하셔서 우리가 자만심을 버리고 그분을 신뢰하고 의지하도록 인도하신다. 우리의 힘든 시련은 그분의 신비로운 섭리 가운데 오히려 치유와 변화를 받는 기회, 섬김의 능력을 받는 기회가 된다. 고통을 통

해 우리는 하나님과 그분이 내 삶을 향해 품고 계신 목적을 더 의지적으로 구하게 된다.

힘겨운 중년의 전환기

인생의 힘든 전환기와 그 파장도 방향이 어긋나는 고통으로 이어질 수 있다. 십대 자녀를 둔 부모라면 누구나 말할 수 있듯이, 아동기에서 사춘기로 넘어가는 전환기에는 흔히 고통이 따른다. 하지만 여기서는 중년기의 성인들에게로 우리의 초점을 좁히고자 한다. 그 시기에 인생, 결혼 생활, 직장 생활, 하나님과의 관계 등에 불만이 있으면 그것이 우리의 정서적·영적 자원을 축낼 수 있다.[13] 이른바 중년의 위기는 35세에서 55세 사이에 찾아온다고 한다.[14] 힘겨운 중년의 전환기를 누구나 다 겪는 것은 아니지만, 일단 찾아오면 그것은 몇 달이나 심지어 몇 년씩 갈 수도 있다.

중년의 전환기는 여러 가지 면에서 고통을 준다. 우선 중년의 사람들은 정체성의 위기에 부딪혀 자신에 대한 회의에 휩싸인다. 이때는 흔히 '나는 누구이며 어떤 사람이 되고 싶은가?'라는 의문이 고개를 든다. 서구 문화가 원숙함보다 젊음을 중시하다 보니 자신이 무가치하게 느껴질 수 있다. 또한 뭔가 해낼 수 있는 한창때가 이미 지나가 버렸기 때문에 이제 아무런 진전도 없이 다람쥐 쳇바퀴 도는 것처럼 느껴질 수 있다. 그들은 불안에 차서 '이게 인생의 전부란 말인가?'라는 의문에 빠질 수 있다. 이미 전성기는 지나간 것 같고 오히려 생의 유한성이 막연히 목을 조여 오면서 중년의 사람들은 처음으로 걷잡을 수 없는 불안을 경험한다.

정서적인 면에서 보면, 오랜 세월 몸에 밴 건강하지 못한 생활 습관들이 이 시기에 불안과 짜증과 피로와 냉담한 태도를 낳을 수 있고, 그러다 심하면 삶의 의욕마저 앗아갈 수 있다. 고대의 그리스도인 권위자들은 이렇게 영적으로 냉담한 상태를 **무기력**이라 표현했는데, 그 증상은 영적 무관심, 주의력 감퇴, 슬픔, 권태 등이다. 이런 무기력의 증거를 우리는 로뎀 나무 아래서 맥이 빠져 있던 엘리야에게서 볼 수 있다(왕상 19:4-5).

신체적인 면에서 보면, 힘겨운 중년의 전환기는 몸의 증상들로도 나타날 수 있다. 몸은 늙어 가면서 기력이 떨어지고 둔해진다. 인생의 후반부에 들어선 사람들은 점차 상해 가는 외모를 보며 우울해질 수 있고, 일터에서도 장시간 스트레스와 압박을 받으면 전보다 쉽게 피곤해진다. 중년기에는 매일의 일과가 따분하고 무의미한 고역이 될 수 있으며, 중년에 들어선 사람들은 "한마디로 지친 몸으로 사는 데 지쳐 있다."[15]

중년의 사람들은 관계적인 면과 사회적인 면에서도 스트레스를 받을 수 있다. 결혼 생활은 20여 년이 지나다 보니 단조로워졌을 수 있고, 오랜 세월 직장에서 성공하는 데만 몰두하느라 그동안 부부 관계에 소홀했을 수도 있다. 부부 중 한쪽에서 정서적 또는 신체적 외도를 통해 낭만의 불씨를 되찾으려 할 수 있고, 그리하여 이혼이라는 큰 고통이 중년기의 불안한 부부 관계를 위협한다.

중년의 사람들은 일터에서도 불만족을 경험할 수 있다. 그들은 일이 싫으면서도 형편상 그만두지 못할 수 있으며, 좋은 이직의 기회가 줄어들수록 그만큼 시간이 얼마 남지 않았다는 생각에 점점 초조해진다. 이전에 세웠던 야심찬 목표들이 이제는 성취할 수 없는 일로 보인다. "성공한 사람은 허탈감에, 성공하지 못한 사람은 이제 끝났다는 생각에 힘들어한다."[16]

만일 우리가 중년기 이전부터 영적 성장에 힘쓰지 않았다면, 중년기에 하나님과 관계된 것들에 이상하게 관심이 식을 수 있다. 더 어이없게도 우리는 어느새 영혼의 어둡고 괴로운 밤 속에 들어와 있을 수 있고, 그래서 하나님이 존재하지 않는다든지 나에게 가장 필요할 때 곁에 계시지 않았다고 단정 지을 수도 있다. 영적 위로가 하나도 존재하지 않는 그 고통 속에서, 우리는 신앙을 버리고 다른 종교적 또는 철학적 대안에서 만족을 찾고 싶어질 수 있다.

중년기에 "우리는 내가 누구인지 안다고 생각하던 데서 내가 누구인지 전혀 모르는 데로 옮겨 간다."[17] 그러다 보니 스트레스가 쌓여 영혼이 금방이라도 폭발해 버릴 것처럼 된다. 하지만 중년의 사람들은 이런 도전을 무조건 피할 것이 아니라 문제가 가져다주는 성장의 기회를 볼 필요가 있다. 중년의 전환기는 의지적으로 내면의 여정에 오르라는 하나의 초대이며, 이 여정을 통해 우리는 근본적인 변화에 이를 수 있다. 중년의 사람들은 "인생의 오후를 인생의 오전 프로그램에 맞추어 살아갈 수 없다"[18]는 사실을 직시해야 한다.

하나님의 영

온 우주는 궁극적으로 하나님의 주관 아래 있으므로 우리의 상황도 그분이 신비롭게 정하신다고 할 수 있다. 청교도 목사들과 신학자들이 즐겨 지적했듯이, "하나님은 자기 백성을 대하실 때 문제를 허락하시는 것까지도 포함해서 늘 은혜로 대하신다."[19] 고난과 고통은 하나님의 진노가 아니라 그분의 사랑을 보여 주는 증거다. 하나님이 하시는 일이 우리에게는 신비로울지라도, 그분은 거룩하신 분이므로 그분이 하시는 일 또한 불의하지 않고 악하지 않다. 상황에 따라 우리가 겪는 고통의 배후에 하나님의 영이 계시다는 증거는 성경에서 얼마든지 찾아볼 수 있다.

욥의 경우, 하나님이 비록 사탄을 부려서 그분의 목적을 이루셨을지라도, 자신의 문제의 궁극적 근원을 하나님으로 보았다. 그래서 욥은 전능하신 하나님에 대해 이렇게 증언했다.

> 그가…내 앞길에 어둠을 두셨으며
> 나의 영광을 거두어 가시며
> 나의 관모를 머리에서 벗기시고
> 사면으로 나를 헐으시니 나는 죽었구나.
> 내 희망을 나무 뽑듯 뽑으시고. (욥 19:8-10)

욥은 또 이렇게 탄식했다.

> 그가 폭풍으로 나를 치시고
> 까닭 없이 내 상처를 깊게 하시며
> 나를 숨 쉬지 못하게 하시며
> 괴로움을 내게 채우시는구나. (욥 9:17-18)

다윗은 하나님과 대화하면서 "내가 잠잠하고 입을 열지 아니함은 주께서 이를 행하신 까닭이니이다"(시 39:9)라고 묵상했다. 다윗은 하나님이 자신을 회개와 결국 온전함으로 이끄시려고 자신의 삶 속에 시련을 주셨음을 알았다. 시편 44:9-14에 고라 자손은 자신들이 전쟁에 패해 욕과 수모를 당했다고 하나님께 부르짖으면서 "주께서 우리를 잡아먹힐 양처럼 그들에게 넘겨주시고"(시 44:11)라고 고백했다.

다른 성경 인물들도 자신의 괴로운 상황을 하나님이 자신의 삶 속에 신비로운 주권을 행사하시는 것으로 해석했다.

- 이사야는 하나님이 "어둠"과 "환난"도 지으신다고 증언했다(사 45:7). 이 예언자는 또 하나님이 "환난의 떡과 고생의 물"(사 30:20)을 주시는 분이라고 고집스런 이스라엘 백성에게 선포했다.
- 호세아는 하나님에 대해 이렇게 말했다.

    여호와께서 우리를 찢으셨으나
    　도로 낫게 하실 것이요
    우리를 치셨으나
    　싸매어 주실 것임이라. (호 6:1)

- 예레미야는 하나님이 죄에 대한 형벌로 이스라엘을 심판하신 일을 이렇게 슬퍼했다.

    나의 고통과 같은 고통이 있는가…
    여호와께서 그의 진노하신 날에
    　나를 괴롭게 하신 것이로다.
    높은 곳에서 나의 골수에
    　불을 보내어 이기게 하시고
    내 발 앞에 그물을 치사
    　나로 물러가게 하셨음이여.

> 종일토록 나를 피곤하게 하여
>
> 황폐하게 하셨도다. (애 1:12-13)

이 눈물의 예언자는 이스라엘의 재앙을 하나님이 계획하시고 시행하신 것이라고 선포했다.[20] 그럼에도 불구하고 이 고집스런 백성을 향한 하나님의 사랑과 신실하심은 변함없이 동일했다.

- 요한복음 15장을 보면 예수님은 포도나무의 가지들이 열매를 더 풍성히 맺을 수 있도록 농부가 가지를 치고 잘라 내는 비유를 들려주셨다. 하늘 아버지는 칼로 가지를 손질하는 농부이시고, 예수님은 포도나무이시며, 신자들은 그 나무에 접붙여진 가지들이다. 하나님이 사랑으로 행하시는 가지치기는 종종 아픔도 주지만 성장을 촉진한다. 마르틴 루터는 이 비유를 주해하면서 그리스도인의 고난은 "하나님이 그에게 비료를 주시는 방식"[21]이라고 말했다.
- 히브리서 기자는 하나님이 그분의 사람들을 징계하실 때 그들의 영원한 유익을 위해 하신다고 역설했다(히 12:6-11). 자녀들을 그 사랑하시는 아들의 형상대로 빚으시기 위해 하나님은 능숙하게 옛 죄성을 잘라 내신다.

확실하고 믿을 만한 다수의 그리스도인 권위자들도 하나님이 때로 자기 백성의 영원한 유익을 위해 그들의 삶에 모호한 고난의 시절을 연출하신다고 가르쳤다.

- 플랑드르의 영성 작가 판 뤼스브룩(Van Ruysbroeck, 1293-1381)은, 하나님이 "때로 우리의 유익을 위해 우리에게 질병을 내리셨다"[22]고 간단명료하게 말했다.
- 토마스 아 켐피스(1380경-1471)는 하나님이 신자들을 대하실 때 다음과 같은 말씀으로 안심시켜 주신다고 보았다. "내가 일시적인 고난을 보내거나 네가 바라는 위안을 거둘지라도 너는 버림받았다고 생각하지 말아라. 이것이 천국에 이르는 길이다."[23]
- 프랑소아 페넬롱(1651-1715)은 이렇게 선포했다. "하나님은 각기 다른 십자가를 정교하게 지어 내신다. 어떤 십자가는 쇠나 납처럼 무겁지만 어떤 십자가는 짚처럼 가볍다.…종류는 제각각이지만 모든 십자가는 두 가지 공통점이 있다. 지기 힘들다는 것과 우리를 못 박는다는 것이다."[24]

이렇듯 성경은 물론 이들 그리스도인 권위자들은 영혼과 육체의 고난이 항상 인간의 과실이나 실패에서 기인하는 것은 아님을 확증해 준다. 영감을 받아 노래를 지은 히브리인들은 불경한 적에게 패한 뒤에 이렇게 탄식했다.

> 이 모든 일이 우리에게 임하였으나,
>   우리가 주를 잊지 아니하며
>   주의 언약을 어기지 아니하였나이다.
> 우리의 마음은 위축되지 아니하고
>   우리 걸음도 주의 길을 떠나지 아니하였으나,
> 주께서 우리를 승냥이의 처소에 밀어 넣으시고

우리를 사망의 그늘로 덮으셨나이다. (시 44:17-19)

우리 신자들은 믿음으로 그리스도와 연합한 존재이므로 하나님이 언제나 우리와 함께하신다. 그러나 그분의 신비로운 섭리 가운데 이따금씩 하나님의 임재가 느껴지지 않을 때가 있다. 그래서 시편 기자도 이렇게 고백했다.

여호와여, 주의 은혜로
　나를 산같이 굳게 세우셨더니
주의 얼굴을 가리시매
　내가 근심하였나이다. (시 30:7)

예로부터 그리스도인들은 이렇게 하나님의 위로가 부재한 것 같은 상태를 "영혼의 어둔 밤"이라 불렀다. 요즘은 (특히 대중 영성에서) 이 표현이 더 막연하게 쓰이지만, 고전적 의미에서 영혼의 어둔 밤이란 하나님이 의도적으로 영적 위로를 거두신 경우에만 해당된다.

> "고난이 누구를 통해 오든 그 고난을 보내시는 분은 하나님이다."
> _토머스 왓슨

한번은 내가 성인들을 상대로 한 어느 강의에서 이 문제를 언급했더니 50대의 한 신사가 불쑥 일어나 큰소리로 말했다. "왜 여태까지 아무도 나에게 이 말을 해주지 않은 겁니까? 성경을 믿는 교회에 다닌 지 30년이 되었지만 내 영혼의 곤고함이 죄 때문이 아니라 내 삶 속에서 일하시는 성령의 섭리 때문일 수도 있다는 것은 도무지 배워 본 적이 없습니다." 이어 그는 "오랜 세월 지고 살아온 짐이 오늘 아침에 내 어깨에서 떨어져 나갔습니다!"라고 덧붙였다. 또 한번은 어떤 침례교 목사가 "내 내면세계의 어두운 곳에서 무슨 일이 벌어지고 있는지를 난생 처음 알았습니다"라는 반응을 보이기도 했다. 영혼의 어두운 밤이라는 현상에 대해서는 4장에서 자세히 살펴볼 것이다.

고난의 계절은 곧 구속의 계절이다

하늘 아버지께서는 우리의 모든 고생과 고난 속에서 일하셔서 우리를 연단하시고 성숙시키신다. 시련이 닥치면 우리는 하나님이 나에게 노하셨다고 결론짓고 싶어 하지만, 하나님은 그 아들 예수의 의를 옷 입은 자녀들인 우리를 지극히 사랑하시고 기뻐하신다. 전지하신 아버지께서는 고난을 통해 우리의 마음을 고치시고 우리의 삶을 새롭게 하신다. 우리의 씨름과 시련을 통해 그분은 자만의 환상을 걷어 내시고 우리를 순복의 자리로 부르신다. 특히 베드로전서를 비롯해서 성경이 고난을 대단히 강조하고 있다는 사실을 간과해서는 안 된다.[25] 하나님은 그분의 백성이 변화되려면 빛만 아니라 어둠도, 형통만 아니라 역경도, 좋은 날만 아니라 궂은 날도 필요함을 아신다. "하나님은 사람을 세우고 싶으면 먼저 허무시고, 치유하고 싶으면 먼저 찢으시며, 살리고 싶으면 먼저 죽이신다"[26]고 한 마르틴 루터의 인상 깊은 말은 결코 과장이 아니다.

루터가 즐겨 지적한 것처럼, 괴로운 고통은 하나님의 "비상한 일"이요 "기이한 사역"이다(사 28:21을 보라). 장 칼뱅은 기독교 교리를 정리한 유명한 규범집인 「기독교 강요」(*Institutes of the Christian Religion*, 크

> "하나님이 우리를 엄하게 다루시는 것 같아도 고통을 위한 고통을 주시는 법이 없고 늘 영혼을 깨끗하게 하려는 목적으로 그리하신다. 수술이 중한 것은 그만큼 고쳐야 할 병이 중하기 때문이다."
> _프랑소아 페넬롱

리스챤다이제스트)에서 하나님이 때로 자기 자녀들을 따끔하게 교육하시는 분임을 길게 설명했다. "바로 그 혹독한 환난 속에서 우리는 우리를 향하신 아버지의 자애로움과 너그러움을 보아야 한다. 그 순간에도 그분은 우리의 구원을 이루시는 일을 멈추지 않으시기 때문이다. 그분이 우리를 괴롭게 하심은 우리를 망하게 하거나 멸하기 위해서가 아니라 세상의 정죄로부터 해방하시기 위해서다."[27]

세상의 심리학에서는 대다수 학파들이 고난과 고통을 해결하거나 적어도 경감해야 할 문제로 본다. 그러나 기독교의 영성 계발에서는 하나님이 고통을 통해 우리의 성품을 연단하시고 우리를 자신과 더 친해지도록 이끄시는 그 자애로운 손길을 본다. 이렇듯 고통과 고난은 하나님의 구속(救贖)의 경륜에서 매우 중요한 자리를 차지한다.

긍휼이 풍성하신 하늘 아버지는 우리의 씨름과 고통을 훤히 다 아신다. 그래서 우리는 간혹 그분의 임재가 잘 느껴지지 않는다 해도 그분이 우리의 시련 속에 함께하심을 확신할 수 있다. 예수님은 우리의 시련 속에 함께하실 뿐만 아니라 실제로 우리의 큰 대제사장이 되어 그 고통 속으로 들어오신다. 긍휼이 풍성하신 그분은 우리의 고통이 클수록 더 많은 자비와 선(善)을 부어 주신다.

때가 되면 하나님이 고난의 쓴 물을 달게 바꾸실 것이고, 우리가 지고 있는 십자가도 어느 날 면류관으로 바뀔 것이다. 하나님은 늘 우리의 영원한 유익을 위해 일하시는 분이므로, 우리가 힘들 때 낙심이나 절망에 굴해서는 안 된다. 반대로 우리는 탄식과 눈물로 그분께 마음을 쏟아 놓는 중에라도 신실하고 자비로우신 주님을 꼭 붙들어야 한다. 우리가 인생의 괴로운 상황 속에서, 상상할 수 없는 상실을 겪었던 욥과 같이 반응하기를 기도한다.

> 볼지어다, 하나님께 징계받는 자에게는 복이 있나니…
> 하나님은 아프게 하시다가 싸매시며
> 상하게 하시다가 그의 손으로 고치시나니. (욥 5:17-18)

개인 및 그룹의 묵상과 토론을 위한 질문

1. 이번 장에 언급된 모든 요인 중에서 현재 당신이 겪고 있는 영적 도전과 씨름의 가장 큰 원인으로 보이는 것은 무엇인가? 당신이 여정 중에 실제로 경험하고 있는 예들을 구체적으로 말해 보라.
2. 사탄은 당신이 그리스도 안에서 성숙해지지 못하고 하나님 나라를 위한 섬김에 열매를 맺지 못하도록 방해한다. 당신의 삶에서 사탄이 그렇게 방해하는 데 이용하고 있는 가장 약하고 취약한 부분은 어디라고 보는가? 몇 가지 두드러진 예를 들어 보라.
3. 당신의 시련과 고통의 배후에는 신비롭게 사랑의 하나님이 계실 수도 있는데, 그것이 당신에게 어떻게 또한 어느 정도나 느껴지는지 기도하면서 깊이 묵상해 보라. 지금까지 그런 시련에 처했을 때 심정이 어땠는가?

4

영혼의 어둔 밤

내 하나님이여, 내 하나님이여, 어찌 나를 버리셨나이까.
어찌 나를 멀리하여 돕지 아니하시오며…내 하나님이여, 내가 낮에도 부르짖고 밤에도
잠잠하지 아니하오나 응답하지 아니하시나이다.

시편 22:1-2

단 목사는 몇 년 동안 젊은 부목사로 사역하다가 자신의 표현대로 블랙홀에 빠졌다. 그는 친한 친구에게 이렇게 마음을 털어놓았다. "나는 신학으로 학위도 받았고, 성경도 읽고 있고, 기도도 꾸준히 하고 있어. 그런데 지난 몇 달 동안 내 영혼은 혼란에 빠져 곤고해졌고, 그것이 하나님과 교회에 대한 믿음까지 갉아먹고 있지. 얼마 전에는 담임 목사님에게 더 이상 아무것도 믿지 못하겠다고 고백했어. 내 문제도 해결하지 못하면서 다른 사람들을 돕는 위치에 있다니 정말 아찔해."

고대의 그리스도인 권위자들이 기술한 대로, 영혼의 어둔 밤은 고통스럽게 방향이 어긋나는 구체적인 한 형태를 가리키며, 그 특징은 하나님의 위로와 임재가 떠난 것처럼 느껴지고 영적 추구에 만족이 없다는 것이다. 어떤 그리스도인들은 하나님이 자녀들에게서 자신의 임재와 영적 위로를 거두실 리가 없다고 믿기 때문에 어둔 밤이라는 현상을 그냥 무시한다. 우리도 다른 사람들에게 자신이 영적이지 못한 사람으로 비칠까 봐 영적 곤고함에 대해 말하기를 꺼릴 때가 많다.

> "밤중에는 빛을 기다려야만 한다."
> _프란시스 드 살레

교회 역사가 마틴 마티(Martin Marty)는 부인 엘서가 암으로 죽은 후에 어두운 시기를 맞았다. 그의 책 『부재의 절규: 심령의 겨울에 대한 단상』(*A Cry of Absence: Reflections on the Winter of the Heart*)에 뭉클한 이야기가 기록되어 있다. 마티는 옛 시편 기자들이 겪은 단장의 경험들을 통해 자신의 고통을 소화해 나가면서 어두운 골짜기, 하나님이 멀어진 느낌, 영적으로 버림받고 죽어 가는 심정 등을 토로했다. 친구들이 선의로 그에게 이런 말을 했다. "마땅히 당할 만한 이유가 있지 않고서야 하나님이 왜 사람을 질병이나 영적 고뇌에 내맡기시겠는가? 그분은 선하신 분이니 고난은 형벌일 수밖에 없다."[1] 아내를 잃고 방향이 어긋난 마티는 이렇게 탄식했다. "오 하나님, 한동안 병세가 호전되었는데 왜 잔인하게 병이 도져 결국 암세포가 사람을 죽이도록 두십니까?…오 숨어 계신 하나님, 왜입니까?…오 침묵이신 하나님, 왜입니까?…오 부재이신 하나님, 왜 가장 처절한 절규에 가장 답답한 침묵으로 일관하십니까? 제 심령은 간절히 답을 찾고 있습니다."[2]

성경의 풍부한 사례

어둠이라는 주제는 성경에 자주 등장한다. 창세기 1장에는 새로 창조된 우주를 에워싸던 물리적 어둠이 묘사되어 있다. 영적 세계에서 어둠의 비유적 의미 중 하나는 하나님이 숨어 계시는 상황에서 비롯되는 혼란과 곤고함이다.[3] 구약 성경에는 자신이 현재 겪고 있는 상황 속에서 하나님의 임재가 느껴지지 않아 어둠으로 힘들어했던 인물들의 사례가 수없이 많이 나온다.

> "주께서 어찌하여 얼굴을 가리시고 나를 주의 원수로 여기시나이까."
> _욥기 13:24

욥은 오랫동안 괴로운 어둠을 경험했고, 어둠이라는 단어만도 욥기에 30여 번이나 나온다. 욥은 정말 덕망 있는 사람이었고 "온전하고 정직하여 하나님을 경외하며 악에서 떠난 자"(욥 1:1)였다. 그런데도 자녀와 재산과 건강을 다 잃자 욥은 하나님이 자신을 버리셨다고 단정했다. 욥은 하나님이 "내 길을 막아 지나가지 못하게 하시고 내 앞길에 어둠을 두셨"(욥 19:8)다고 탄식했다. 하늘을 향해 주먹을 치켜드는 욥의 고통을 한번 느껴 보라.

밤이 되면 내 뼈가 쑤시니…

내가 주께 부르짖으나 주께서 대답하지 아니하시오며…

내가 복을 바랐더니 화가 왔고

광명을 기다렸더니 흑암이 왔구나. (욥 30:17, 20, 26)

그럼에도 불구하고 욥은 결코 하나님을 바라는 희망을 다 잃지 않았으며, 그것이 나중에 그의 장엄한 고백에 그대로 나타난다.[4)]

시편 기자들은 자신들이 버림받은 심정을 영감의 노래로 토해 냈다. "여호와여, 어찌하여 멀리 서시며 어찌하여 환난 때에 숨으시나이까"(시 10:1). 다윗은 "여호와여, 어느 때까지니이까. 나를 영원히 잊으시나이까. 주의 얼굴을 나에게서 어느 때까지 숨기시겠나이까"(시 13:1)라고 애타게 부르짖었다. 다윗이 하나님께 버림받은 심정을 담아낸 시편 22편은 그리스도께서 십자가에서 버림받으시는 일에 대한 예고이기도 하다. 다른 노래에서 다윗은 하나님이 자신을 잊어버리신 것 같아 기분이 울적하다고 토로했다(시 42:9-10).

시편 기자 아삽도 버림받는 고통을 당하고 고뇌에 차서 이렇게 물었다.

주께서 영원히 버리실까,

다시는 은혜를 베풀지 아니하실까,

그의 인자하심은 영원히 끝났는가. (시 77:7-8)

고라 자손은 하나님이 자신들을 어둠으로 덮으셨다는 생각을 이렇게 토로했다.

이 모든 일이 우리에게 임하였으나,
　우리가 주를 잊지 아니하며
　주의 언약을 어기지 아니하였나이다.
우리의 마음은 위축되지 아니하고
　우리 걸음도 주의 길을 떠나지 아니하였으나,
주께서 우리를 승냥이의 처소에 밀어 넣으시고
　우리를 사망의 그늘로 덮으셨나이다. (시 44:17-19)

또 다른 시에서는 "주께서 나를 깊은 웅덩이와 어둡고 음침한 곳에 두셨사오며"(시 88:6)라는 말로 자기 영혼의 어둠을 슬퍼한다. 이 시는 계속해서 이렇게 이어진다. "여호와여 어찌하여 나의 영혼을 버리시며 어찌하여 주의 얼굴을 내게서 숨기시나이까.…주는 내게서 사랑하는 자와 친구를 멀리 떠나게 하시며 내가 아는 자를 흑암에 두셨나이다"(시 88:14, 18).

그 밖에도 구약 성경에는 영적 밤이라는 괴로운 어둠을 경험한 사람들이 더 나온다.

- 이집트에서 노예로 살아가던 히브리 민족. 하나님의 백성은 그토록 압제를 당하며 430년 동안이나 하나님의 침묵으로 힘들어했다. 아브라함과 이삭과 야곱의 하나님, 언약의 하나님은 어디로 가셨단 말인가? 그 오랜 세월 동안 왜 하나님은 멀리 계셨던 것일까? 심지어 모세도 하나님이 자기 백성을 구해 주지 않으시자 이렇게 반문했다. "내가 바로에게 들어가서 주의 이름으로 말한 후로부터 그가 이 백성을 더 학대하며 주께서도 주의 백성을 구원하지 아니하시나이다"(출 5:23).

- 이방에 포로로 잡혀간 이스라엘 백성. 타국에서 포로로 살아가던 70년 동안 하나님의 언약 백성은 흑암 중에 행했다(사 50:10). 하나님은 "내가 잠시 너를 버렸[고]…내가 넘치는 진노로 내 얼굴을 네게서 잠시 가렸"(사 54:7-8)다고 설명해 주셨다. 이 일로 예레미야는 이렇게 탄식했다.

> 나를 이끌어 어둠 안에서 걸어가게 하시고
> > 빛 안에서 걸어가지 못하게 하셨으며…
> 나를 어둠 속에 살게 하시기를
> > 죽은 지 오랜 자 같게 하셨도다. (애 3:2, 6)

예레미야애가는 "눈물의 예언자"에게나 포로로 끌려간 이스라엘 백성에게나 책 전체가 하나의 어두운 밤, 방향이 어긋난 밤이라 할 수 있다.

- 요나. 이 예언자는 사흘 동안 큰 물고기 뱃속에 생매장되었을 때 깊은 어둠의 자리에 들어갔다. 요나가 니느웨에 하나님의 메시지를 전하자 그 백성은 회개했고 하나님은 심판을 거두셨다. 그러자 요나는 실망하여 화를 내면서 다시 어두운 밤에 들어가 두 번이나 하나님께 자신을 죽여 달라고 했다. "여호와여, 원하건대 이제 내 생명을 거두어 가소서. 사는 것보다 죽는 것이 내게 나음이니이다"(욘 4:3).

신약 성경에도 영적 어둠을 경험한 사람들의 예가 여러 번 나온다.

- 예수님. 우리 주님도 이 땅에서 보내신 마지막 며칠 동안 괴로운 어둠을

몸소 경험하셨다. 조금 전까지만 해도 지조와 충성을 지키겠다고 맹세하던 예수님의 열두 친구들은 그분이 체포되자 그분을 버렸다. 예수님이 발가벗겨진 채 로마의 십자가에 못 박혀 조롱당하시며 세상의 죄를 대신 지시던 그때, 그분께 깊은 어둠이 찾아왔다. 그분이 신비의 속죄를 이루시기 위해 하늘과 땅 사이에 매달려 계시는 동안 아버지께서 아들에게 등을 돌리신 것이다. 아버지와 아들의 교제가 잠시나마 끊어진 그 시간에 예수님은 "나의 하나님, 나의 하나님, 어찌하여 나를 버리셨나이까"(마 27:46) 하고 버림받은 자의 절규를 토해 내셨다. 모든 어두운 밤 중에서도 가장 어둡던 그 밤에 성부 하나님은 잠시나마 성자 하나님을 버리셨다!

> "하나님의 부재는 구원받은 사람들에게 흔히 있던 경험이었다."
> _유진 피터슨

- 마리아와 마르다. 이 두 자매는 오빠 나사로가 중병으로 죽었을 때 예수님의 부재 때문에 괴로움을 겪었다. 나사로가 병들자 이들은 꼭 필요한 때에 함께 계셔 달라고 예수님께 소식을 전했으나, 예수님은 계시던 곳에 그대로 머무셨다. 그러다 나사로가 무덤에 묻힌 지 나흘이 지나서야 예수님은 친구들 곁에 가셔서 기적적으로 그를 다시 살려 주셨다(요 11:43-44).

- 예수님의 어머니 마리아. 사랑하는 아들이 십자가에 못 박혀 수치와 모욕을 당하다 숨을 거두는 모습을 지켜보며 마리아는 비탄의 어둔 밤을 겪었을 것이다(요 19:25-27을 보라).

잘 알려진 그리스도인들의 경험

고금을 막론하고 그리스도인들은 괴로운 어둠을 겪었으며, 그래서 우리에게도 그런 상황에 대처하는 법에 대한 지혜를 들려준다. 다음과 같은 하나님의 사람들의 여정을 생각해 보라.

십자가의 요한(1542-1591)은 고국 스페인의 갈멜 수도회에서 아빌라의 테레사가 시작한 개혁을 이어 가려 힘썼다. 그러나 요한의 개혁에 반대하던 수도사들이 1577년에 그를 밤중에 납치해 눈을 가린 채 톨레도의 갈멜 수도원으로 데려갔다. 거기서 그들은 9개월 동안 그를 창문도 없는 작은 독방에 가두고 빵과 물만 먹이며 등의 맨살을 채찍으로 때렸다. 요한의 유명한 시들은 그가 그 캄캄한 곳에 고립되어 채찍질을 당하던 시기에 머릿속으로 지은 것들이며, 나중에 안전한 피난처로 피한 후에 그는 「어둔 밤」을 비롯한 더 긴 산문 작품들을 썼다. 몸이 약해진 요한은 나귀를 타고 스페인 전역을 돌아다니며 그리스도께서 가져다주시는 삶의 변화를 가르쳤고, 생의 마지막 몇 달 동안 다시 독방에 감금되어 지내다가 49세에 병으로 세상을 떠났다.

C. S. 루이스(1893-1963)는 아내 조이의 때아닌 죽음을 계기로 괴로운 어둔 밤을 겪었다. 그들이 결혼할 당시에 조이는 골수암에 걸린 상태였지만 상태가 극적으로 호전되었고, 그것을 그들은 기도의 결과라고 믿었다. 그런데 1년도 못 되어 조이는 이미 치료된 줄 알았던 암으로 세상을 떠나고 말았다. 하늘이 닫힌 것 같고 하나님이 묵묵부답하시는 것 같던 그때를 루이스는 "성난 암흑의 시간"이라 표현했는데, 그 때문에 이 대표적인 기독교 변증자는 절망에 잠겼고 아내의 불치병을 하나님 탓으로 돌렸다. "아내가 살아 있을 동안에도 이미 한 달이 다르고 한 주가 다르게 형벌처럼 그 몸을 상하게 하시더니 그것으로도 부족하셨단 말입니까?"[5) 루이스가 일찍이 「고통의 문제」(The Problem of Pain, 1940, 홍성사)에 제시했던 고난에 대한 예리

한 통찰은 더 이상 그에게 아무런 의미가 없었다.

슬픔에 잠긴 루이스는 하나님이 자기를 버리셨다고 단정했고, 좌절과 분노에 차 하나님을 "불합리와 허영과 복수심과 불의와 잔인성"[6]을 즐기는 "우주의 사디스트"[7]라고 불렀다. 한동안 루이스는 여태까지 하나님에 대해 믿었던 거의 모든 것에 의심이 들었다. "왜 그분은 우리가 잘될 때는 그렇게 옆에서 호령하시다가 우리가 힘들어 도움이 필요할 때는 흔적도 없이 자취를 감추시는 것인가?"[8] 그러던 어느 날, 루이스가 아침에 깨어 보니 분노와 슬픔이 눈 녹듯 사라지고 없었다. 나중에 그는 이 경험을 "괴로운 하나님의 침묵"[9]이라 표현했다. 「헤아려 본 슬픔」(*A Grief Observed*, 홍성사)에서 루이스는 강건한 신자들도 세상의 모든 의미를 잃을 수 있고 그러다 점차 하나님을 다시 신뢰하는 법을 배울 수 있음을 보여 주었다.

콜카타의 마더 테레사(Mother Teresa, 1910-1997)는 50년 가까이 콜카타와 그 주변의 길거리에서 죽어 가는 빈민들을 지성으로 거두었다. 그런데 그녀는 죽는 날까지 대부분의 시간을 자신이 영혼의 어둔 밤 속에 있었다고 증언했다. 그 어둔 밤은 "내면의 깊은 고통, 위로다운 위로의 부재, 영적 고갈, 자신의 삶에 하나님이 부재하신 것 같은 느낌, 그러면서도 아프도록 그분을 갈망하는 마음"[10] 등으로 경험되었다. 마더 테레사는 어둠이 하나님의 은밀한 섭리 가운데 자신의 못난 부분들을 정화해 주고, 예수님을 향한 사랑과 가난한 이들을 향한 긍휼을 더욱 깊어지게 해준다고 믿었다. 자신의 소명을 다하는 데 영적 어둠이 중요하다는 사실을 인식한 마더 테레사는 그처럼 어둔 밤의 고통 속에 살며 섬기는 것으로 만족했다. 그리함으로써 그녀는 불신의 어둠 속에서 고생하며 사랑받지 못하고 버림받은 사람들에게 자신이 예수님의 빛이 되어 줄 수 있다고 믿었던 것이다. 마더 테레사는 어둔 밤을 통해 자신도 그리스도께서 십자가에서 당하신 고난의 신비에 어느 정도 들어갈 수 있게 되었노라고 동역자들에게 고백했다. 그녀는 "나는 어둠을 사랑하게 되었다. 이제 나는 이 어둠이 예수님이 이 땅에서 겪으신 어둠과 고통의 아주 작은 부분임을 믿는다"[11]고 썼다.

리지외의 테레사(Thérèse de Lisieux, 1873-1897)는 사랑으로 고난을 받는 "작은 길"로 잘 알려져 있는데, 그녀가 겪은 악몽 같은 고통은 신체적으로는 결핵으로, 영적으로는 1년 반 동안 칠흑 같은 터널에 갇힌 듯한 어둔 밤으로 찾아왔다. 그 어둠 속에 있는 동안 테레사는 하나님께 버림받은 기분이었고 천국이 불확실하게 느껴졌다. 그러나 어둠에 충분히 단련된 후에는 어떤 상황에서도 하나님을 신뢰하며 믿음으로 행하는 법을 터득했다.

스코틀랜드 태생의 성경 교사인 오스왈드 챔버스(Oswald Chambers, 1874-1917)에게도 영적 외로움이 하나님 임재의 빛을 삼켜 버리는 광야의 계절이 닥쳐 왔다. 묵상 안내서로 사랑받는 「주님은 나의 최고봉」(*My Utmost for His Highest*, 토기장이)에서 그는 자신의 어둔 밤에 대해 이렇게 썼다.

성화의 과정에서 하나님과의 관계가 바로 되었으면 이제 우리의 믿음은 현실 속에서 단련되어야 한다. 이때 우리가 보냄받는 곳은 사역이 아니라 내면의 광야이며, 거기서 우리는 하나님의 복에 대해 내적으로 죽는다는 것이 무엇인지 배우게 된다.…우리가 그것을 선택하는 것이 아니라 하나님이 상황을 주관하여 우리를 거기로 데려가신다. 이 경험을 통과하기 전까지 우리의 신앙을 떠받치는 것은 감정과 복이다.…어둠은 하나님의 주권 속에서 찾아온다. 우리는 하나님이 내게 하시고 싶은 대로 하시게 해 드릴 준비가 되어 있는가? 외적인 복을 잃을 각오가 되어 있는가?[12]

목사이며 신학교 교수였던 루이스 스미디즈(Lewis Smedes, 1922-2003)는 어둔 밤을 지나면서 하나님이 자신을 버리셨다고 결론짓고 이렇게 탄식했다. "우울증이 덮치면서 나는 가정 생활이 불행해졌고, 동료들에게 불평꾼이 되었고, 하나님과의 관계도 엉망이 되었다. 그렇게 나는 영혼의 어둔 밤으로 떠밀렸다."[13] 이 힘겨운 시절에 스미디즈는 아내 도리스의 신앙에 의지하여 하나님의 약속을 필사적으로 붙들고 힘을 다하여 **기다렸다**. 나중에 그는 "아내가 끝까지 기다려 준 덕분에 나는 하나님을 되찾을 수 있었다. 기다림에 이런 구원의 능력이 있는 줄은 미처 몰랐다"[14]고 썼다.

헨리 나우웬(Henri Nouwen, 1932-1996)은 사제로 서품을 받은 지 30년이 지나면서 우울증과 영혼의 어둔 밤을 동시에 경험했다. 그때에 대해 그는 이렇게 기록했다. "나는…칠흑 같은 어둠 속에서 바닥에 납작 엎드려 있었다. 어찌된 일인가? 나 자신이 아무것도 아니라는 게 똑똑히 보였다. 마치 그동안 내 삶에 의미를 가져다주던 것들이 다 사라져 버리고 이제 내 앞에는 바닥없는 나락밖에 보이지 않는 것 같았다.…하나님이 나를 버리신 것처럼 느껴졌다."[15] 나우웬은 다른 사람들에게 피해를 줄까 걱정되어 라르쉬(L'Arche) 공동체를 떠나 신앙의 상실, 성적 고민, 버림받은 기분 등 그동안 자신을 정서적·영적 격랑에 빠뜨리던 문제들을 해결하는 데 힘썼다. 결국 그는 예수님이 말씀하신 탕자의 비유와 렘브란트가 그것을 소재로 그린, 러시아 상트페테르부르크의 에르미타주 미술관에 전시된 그림을 묵상하면서 광명과 치유를 얻었다.

십자가의 요한의 설명

어둔 밤이라는 현상을 「가르멜의 산길」(*The Ascent of Mount Carmel*), 「어둔

밤」(The Dark Night of the Soul, 이상 바오로딸), 「영가」(The Spiritual Canticle), 「사랑의 산 불꽃」(The Living Flame of Love, 이상 기쁜소식)의 저자인 십자가의 요한보다 철저히 탐구한 작가는 없다. 그는 우리가 점점 정화되어 사랑으로 하나님과 연합하려면 어둔 밤이라는 단계가 꼭 필요하다고 보았다. 우리가 처음 여정에 오를 때는 엄마 젖을 뗀 영적 아기이기에, 영적 성숙으로 나아가려면 두 가지 어둔 밤을 통해 세상에 대한 애착을 버려야 한다고 그는 역설했다.[16] 요한이 이 현상을 **밤**이라 부른 것은 그리스도인들에게 영적 시력이 있는 평소의 상태와 구분하기 위해서다. 그 앞에 **어둡다**는 말을 붙인 것은 빛을 비추시는 하나님의 임재가 잠시 거두어졌음을 강조하기 위해서다.

요한은 어둔 밤을 두 부분으로 나누어 설명했는데, 하나는 우리의 감각(시각, 청각, 촉각, 상상, 미각, 후각)과 관계된 것이고, 또 하나는 심령의 속성(지성, 기억, 의지)과 관계된 것이다. 이 두 가지 어둔 밤은 반드시 순차적인 것은 아니고 서로 겹쳐지면서 영향을 주고받는다.

우선, 성숙하지 못한 그리스도인들이 육신의 욕망과 싸우려면 감각의 어둔 밤이 필요하다. 우리는 본능적으로 세상의 덧없는 것들에서 만족을 구하는 성향이 있으므로, 하나님을 사랑하지 못하게 막는 해로운 습관들을 떨쳐 내는 데 감각의 어둔 밤이 도움이 될 수 있다. 우리의 생각이 감각의 어둔 밤에 들어가면 전처럼 하나님이 잘 이해되지 않고, 기도나 기타 영적 훈련에서 오는 만족감도 떨어진다. 영적 세계를 제대로 누리기 위해서나 하나님의 영광을 위해서나 감각은 반드시 정화되어야 한다.

요한은 감각의 어둔 밤을 다시 두 가지 측면으로 나누어서 보았다. 우선 **능동적** 밤에는 우리 쪽에서 육신의 자아를 죽이고 이기심, 교만, 분노

> "하나님이 우리를 철저히 고갈된 상태에 두시므로 우리는 영적 훈련과 사역에서 전처럼 만족과 즐거움을 얻지 못할 뿐만 아니라 오히려 그런 훈련이 싫어지고 역겨워진다."
> _십자가의 요한

같은 죄를 피해 하나님께로 나아간다. 하나님과의 관계를 방해하는 것이면 무엇이든 버리고 기도와 말씀 묵상 같은 영적 훈련들을 통해 죄의 욕심과 정욕을 다스리는 것이다. 무엇보다 우리는 예수님의 삶을 묵상하고 그분의 성품과 행실을 본받으면서 여정을 지속해 나간다.

감각의 **수동적** 밤이란 영적 안일에 빠지게 하는 모든 위안을 하나님 쪽에서 거두시고 영혼을 정화하시는 시간이다. "감각의 수동적 밤에 하나님은 그동안 우리가 우상으로 삼았던 재물, 관계, 감정, 행동에서 우리를 해방시키신다"[17] 이 단계에서 우리는 영적 훈련들, 특히 말로 하는 기도와 묵상의 즐거움을 잃어버릴 수 있으며, 그래서 한때 생명을 주던 영적 연습들이 따분해진다. 우리를 과거에 얽어매는 죄들을 하나님은 수동적 밤을 통해 그분의 사랑의 불로 태워 없애신다.

감각의 어둔 밤이 지나면 대개 평화로운 시기가 찾아오면서 기력이 되살아난다. "이 새로운 상태에 이르면…영혼은 감각의 밤을 겪기 전보다 훨씬 더 심령이 자유롭고 만족스러운 상태에서, 그리고 내면에 기쁨이 더 풍성한 상태에서 하나님과 관계된 것들을 대할 수 있다."[18] 이때야말로 우리가 하나님의 사랑을 경험하면서 다른 사람들을 기쁘게 섬기는 시기다. 다만 이 안정기에 도사리고 있는 위험은 자칫 우리가 그 위안에 만족하고 그대로 안주할 수 있다는 것이다.

그렇게 영혼이 준비되면 이제 하늘 아버지께서는 그 영혼을 두 번째 어둔 밤인 심령의 밤으로 인도하신다. 이는 종교적 감정과 체험에 집착하는 태도, 잘못된 믿음, **하나님에 대한** 잘못된 이미지 등을 들추어내는 시기다. 제럴드 메이(Gerald May)는 "우리는 곧잘 하나님에 대한 감정에 집착한 나머지 그것을 **하나님 자신과 동일시한다**"고 지적한 뒤 "이것이야말로 영적 삶에 가장 흔한 우상숭배일 것이다"[19]라고 덧붙였다. 이렇게 심령의 밤이 오면 하나님이 모든 영적 위안을 철저히 고갈되게 하시기 때문에 영혼은 버림받은 괴로운 심정이 된다. 몇 달

> "하나님께 버림받는다는 것은 부부 간의 사랑과 같다. 간혹 남편이 한동안 아내를 떠나야 한다 해도 사랑엔 변함이 없고 오히려 그 때문에 서로를 향한 사랑이 더 애틋해지듯이, 그리스도께서 잠시 교회에서 한 발 물러나실지라도 교회를 향한 그분의 사랑은 계속 타오른다."
> _요하네스 호른베이크

이나 몇 년까지도 지속될 수 있는 이 두 번째 어둔 밤은 영적 위로가 없는 상태에서 온전히 믿음으로 살라는 초대라 할 수 있다.

심령의 **능동적** 밤에 우리는 우리의 사고와 심령에서 하나님을 알아 감에 대한 잘못된 개념과 그분을 알아 가는 미흡한 방법을 치워 없앤다. 십자가의 요한은 우선 우리의 지성에서 하나님 자신을 친밀하게 알기보다 하나님에 관한 내용에 집착하는 성향을 씻어 내야 한다고 역설했다. 아울러 이 시기에 하나님은 성령의 흐름을 막는 우리의 완고한 의지, 곧 아집을 꺾으신다. "우리가 만일 사랑으로 의지를 정화하지 않았다면, 아무리 지성과 기억을 정화하여 그 기초를 믿음과 소망의 덕에 두려 했어도 아무런 성과가 없었을 것이다."[20] 심령의 능동적 밤에 우리는 여러 가지 덕을 실천하고 또 말로 하는 기도를 관상 기도로 대체해 자신의 심령을 정화한다.

심령의 **수동적** 밤은 영혼이 정화됨에 있어 가장 혹독하고도 중대한 단계라 할 수 있다. 먹구름에 태양이 가려지는 것처럼 이 단계에서는 하나님의 빛이 자취를 감춘다. 그래서 성도들은 하나님이 부재하신 것 같아 비참

하게 버림받은 심정이 된다. "이 슬픔에 잠긴 영혼에 가장 절절히 느껴지는 것은 하나님이 자신을 버리셨고 자신을 싫어해 어둠 속에 던지셨다는 확신이다. 하나님께 버림받았다는 생각은 영혼을 짓누르는 처참한 고통이다."[21] 역시 몇 달이나 몇 년까지도 지속될 수 있는 심령의 수동적 밤에는 기도나 기타 영적 훈련들도 잘 되지 않는다. 그러나 하나님의 때가 차면 우리의 영혼은 어둔 밤에서 벗어나 하나님과 새로운 차원에서 친밀해져 영적으로 연합하는 은혜를 누리게 된다.

어둔 밤을 통해 잘 연단되면 우리는 더욱 철저히 순복하는 정화된 사람, 사랑으로 하나님과 연합한 사람이 된다. 요한은 감각의 밤을 경험하는 사람들은 많지만 "심령의 밤은 시련을 거쳐 연단된 극소수 사람들의 몫으로 그치고 있다"[22]고 지적했다. 심령의 밤으로 나아가지 못하는 사람들은 하나님을 제대로 사랑하지 못하고 다른 사람들을 제대로 섬기지 못한다.

다른 그리스도인 권위자들의 해석

지난날의 신실한 그리스도인들이 들려주는 지혜에서 우리는 많은 것을 배울 수 있다. 마르틴 루터는 귀신의 공격으로 평생을 고생하며 절망의 시절들을 지냈고 하나님 앞에서 자신의 신분을 의심하기도 했다. 루터는 하나님이 때로 신비로운 섭리 가운데 성도들을 버리시고 괴롭게 하신다고 믿었다. "우리 주 하나님은 도대체 택하신 자녀들을 어떻게 대하시는 것인가? 하나님이 택하신 자녀들을 인도하고 통치하시는 방법은 얼마나 이상한가! 왜 그분은 이런 식으로 그들을 버리고 괴롭게 하시는가?"[23]

스위스의 개혁가 장 칼뱅도 하나님께 버림받는 심정을 알았고, 하나님이 그것을 이용해 그분의 목적을 이루신다고 보았다. "지극히 자비로우신 우리 아버지께서는 주무시지도 않고 놀지도 않으시지만, 마치 주무시거나 그냥 놀고 계시는 것 같은 인상을 주실 때가 아주 많다. 그것은 게으르게 빈둥거리는 우리를 훈련하셔서 그분을 구하고 그분께 간구하여 큰 유익을 누리게 하기 위함이다."[24]

청교도 목사들과 신학자들은 성경에 기록된 많은 어둔 밤의 예를 보면서, 그것을 극단적 형태의 영적 우울이자 영혼의 겨울철이라 표현했다. 이들 청교도들은 십자가의 요한이 남긴 통찰을 바탕으로 영혼의 고통과 어둔 밤에 관한 책을 아주 많이 저술했다. 그들은 하나님이 때로 우리를 버리심으로써 우리의 자만심과 교만을 벗겨 내신다고 믿었다. "하나님이 영원한 지혜로 행하시는 모든 일 중에 우리를 버리시는 일보다 기이한 것은 없다. 이는 곧 하나님이 자신의 피조물에게서 성령의 은혜와 역사를 거두심으로 자신의 피조물을 버리시는 행동이 아니고 무엇인가."[25]

청교도들은 하나님이 그리스도인들만 버리시며 불신자들은 그 대상이 아니라는 점을 강조했다. 장로교 설교자 토머스 맨튼(Thomas Manton)은 영적으로 버림받는 체험은 신자들에게만 있는 일이라고 가르쳤다. 순종하며 살고 있는 신자들은 한동안 어둠 속을 지나게 될 수 있지만, 그리스도의 사랑을 느껴 본 적이 없는 사람들에게는 그런 체험이 없다. "하나님의 자녀가 참으로 그분의 길로 행하고 있고 그의 증언이 온전히 그분을 기쁘시게 하고 있을 때, 바로 그때 하나님은 그 자녀에게서 자신의 빛을 거두어 가실 수 있다. 이것이야말로 그들에게 가장 심각하고 두려운 경험이었다."[26] 토머스 굿윈(Thomas Goodwin)은 「어둠 속을 걷는 빛의 자녀들」(*A Child of Light Walking in Darkness*, 지평서원)이라는 책에 "하나님을 참으로 경외하고 그분께 순종하는 사람이 빛 없이 어둠 속을 걸어야 할 수 있고, 그 상태가 여러 날이나 여러 해 동안 지속될 수 있다"[27]고 썼다.

목사이며 영성 작가인 A. W. 토저(A. W. Tozer)는 어둔 밤을 "내면의 죽음", "자신을 십자가에 못 박는 경험"[28]이라 표현했다. 그는 이어 "우리가 하나님과 협력하면 그분은 아주 오랫동안 우리의 어머니와 유모 노릇을 해온 정당한 위로를 모두 가져가시고 대신 우리를 위로자이신 그분 자신에게서가 아니고는 어디서도 도움을 받을 수 없는 자리에 두신다"[29]고 설명했다. 토저는 또 "이렇게 모든 것을 잃는 경험의 진가는 우리를 삶의 덧없는 관심사에서 벗어나 다시 영원에 집중하게 하는 위력에 있다. 그 덕분에 우리는 질그릇을 비워 하나님이 부어 주실 성령을 받을 준비가 된다"[30]고 덧붙였다.

그 밖에도 어둔 밤을 잘 설명해 준 주요 그리스도인들을 일부 소개하면 다음과 같다.

- 윌리엄 브릿지(William Bridge). 영국의 비국교도 목사인 그는 축복의 시기가 지나면 종종 하나님이 구원받은 사람들에게 자신의 얼굴을 가리신다고 말했다. 하나님은 왜 성도들을 그렇게 대하실까? "하나님이 그들에게서 멀어지심은 그들을 자신께로 가까이 이끌고자 하심이 아닌가? 그분이 잠시 자신의 얼굴을 가리심은 그들에게 영원히 등을 돌리실 일이 없게 하려 하심이 아닌가? 그분이 잠시 그들을 버리심은 그들이 감각의 길에 대해 죽고 믿음으로 사는 법을 배우게 하심이 아닌가? 그것이야말로 인간이 이생에서 마땅히 겪어야 할 변화이기 때문이다."[31]
- 존 버니언. 그의 책 「천로역정」에는 주인공 크리스천이 사망의 음침한 골짜기를 지나는 경험이 "어둡고 음침한 상태"[32]로 표현되어 있다. 버니

언은 "그 골짜기 위로 사람을 낙심과 혼란에 빠뜨리는 먹구름이 덮여 있다.…한마디로 모든 면에서 두렵고 질서라고는 전혀 찾아볼 수 없는 곳이다"[33]라고 덧붙였다. 버니언은 그 어두운 골짜기를 지나는 일을 천성을 향해 가는 순례자의 여정에서 피할 수 없는 한 부분으로 보았다.

- "웨스트민스터 신앙고백"(Westminster Confession of Faith, 1646). 개혁주의의 이 영향력 있는 문서도 18장에 영혼의 어둔 밤이라는 실재가 하나님이 일부러 신자들을 멀리하시는 결과라고 인정하고 있다. 그 내용을 보면 "참된 신자들이 자신의 구원에 대해 품고 있는 확신은 여러 가지 이유로 흔들리거나 약해지거나 사라질 수 있는데, 그들이 어떤 특정한 죄를 지었기 때문일 수도 있고 **하나님이 자신의 임재가 느껴지지 않도록 그들을 어둠 속에 걷게 하시기 때문일 수도 있다**"(저자 강조)고 되어 있다.

- 프랑소아 페넬롱. 프랑스의 이 영성 대가는 어둔 밤에 하나님이 부재하시는 이유에 대해 이렇게 썼다. "우리는 세상에 대한, 무엇보다도 자아에 대한 지나친 애착 때문에 고생한다. 하나님은 일련의 사건을 보내셔서 우리를 우선 세상에서, 그리고 마침내 자아에서 점차 떼어 내신다.…건강한 몸에는 굳이 의사가 칼을 댈 필요가 없다. 하나님은 환부의 깊이만큼 그리고 육신이 교만한 정도만큼 칼을 대신다."[34]

- 경건주의자들. 19세기에 독일의 대각성을 이끈 사람들(현대 복음주의 운동의 선구자들)도 어둔 밤의 실재를 인정했다. 프리드리히 톨루크(Friedrich Tholuck)는 "그리스도인의 삶에 찾아오는 어두운 시간의 축복"이라는 설교에서 어둔 밤을 하나님이 얼굴을 숨기시고 사탄이 얼굴을 드러내는 시기로 표현했다. 이 경건주의자는 베드로가 비겁하게 예수님을 부인한 일을 어둔 밤의 전형적인 예로 보았다. 그는 "하나님이 사랑하시는 성도

들이여…당신의 어두운 시간이 또한 우리 구주를 위해 어떤 복을 이루어 낼 수 있는지 보라"35)고 썼다.

요컨대, 기독교 정신과 의사였던 고(故) 제럴드 메이는 어둔 밤을 이렇게 유익하게 정의했다. "어둔 밤이란…우리가 영적 애착과 강박에서 해방되어 더욱 자유롭게 살아가고 사랑할 능력을 얻는 지속적인 과정이다."36) 이어 그는 "영혼의 어둔 밤은 전적으로 사랑과 치유와 해방의 과정이다. 다만 그렇게 **느껴지는지 아닌지**는 전혀 다른 문제다"37)고 덧붙였다.

복음주의적 관점으로 본 영혼의 어둔 밤

내가 가르친 박사 과정 학생 중에 40대의 존은 서부의 한 교회에서 목회를 했다. 교회가 안일에 빠져 있음을 감지한 존은 기도하는 마음으로 영적 쇄신안을 내놓았다. 그러나 장로들은 현상 유지를 고집하며 완강히 거부했고, 수석 장로는 "그냥 밀고 나갔다가는 당신도 세 명의 전임(前任) 목사처럼 끝장날 줄 알라"고 경고했다. 몇 달 후에 교회는 존을 해임했고 그 뒤로 그는 2년이 넘도록 실직자로 살았다. 이 괴로운 시절을 지나는 동안 하나님은 멀어 보였고 천국은 닫힌 것만 같았다. 최선을 다해 양 떼를 돌보았기에 그는 교회가 원망스러웠고 하나님께 화가 났다. 그러나 이 힘겨운 시기를 계기로 존은 하나님을 더욱 간절히 추구하게 되었고, 결국 성령께서 존의 마음을 깨뜨리셔서 이후 몇 달 동안 존은 영적·정서적 치유를 경험했다.

소비자 중심주의의 문화 속에서 살아가는 많은 그리스도인에게 영혼의 어둔 밤은 미지의 세계다. 막상 어둔 밤을 경험해도 우리는 그것을 어떻게 설명해야 할지 모른다. 선하신 하나님이 어떻게 자기 자녀들에게서 그분의 임재와 축복을 느끼는 마음을 거두실 수 있단 말인가? 하나님이 버리신 것 같은 때에도 우리가 그분의 법대로 살아야 할 이유는 또 무엇인가? 영혼의 고갈과 어둠을 경험하고 있으면서도 혹시 다른 사람들이 자신을 신앙이 부족하거나 순종하지 않는 사람으로 볼까 두려워 그것을 선뜻 인정하지 못하는 사람들도 많이 있다.

앞서 말했듯이 나도 신앙 여정에서 방향이 어긋나는 고통의 시절을 겪었고, 때로는 고전적인 의미 그대로의 영혼의 어둔 밤을 지나기도 했다. 지금부터 나는 성경과 기독교 전통에 나타난 어둔 밤의 특성을 요약하고자 한다. 영혼의 어둔 밤은 영적 위로가 사라지고 하나님의 부재만 아프게 느껴지는 시련이다. 그리스도인 권위자들 중에는 하나님이 신자들을 버리신다는 말을 쓰며, 어둔 밤의 경험을 "하나님이 새 집의 주소를 남기지 않고 이사를 가 버리셨다"[38]는 말로 표현하는 사람들도 있다. 그러나 나는 하나님이 실제로 우리를 버리신다는 표현보다는 우리에게 그분이 부재하시는 것처럼 **느껴진다**는 표현이 더 좋다. 설령 그분의 위로와 임재가 우리에게 항상 느껴지지는 않더라도 하나님은 늘 자신의 사람들과 함께하시기 때문이다.

어둔 밤은 신자의 신앙에 하나의 위기로 경험될 수 있다. 방향이 어긋나면서 허탈감과 아쉬움이 밀려오는 이 시기에 하나님은 영혼에 수술을 단행하여 옛 자아를 부수시고 새 자아를 다시 빚으신다. 하나님의 자녀가 어둔 밤에 들어가면 기도도 안 되고, 하나님의 말씀도 잘 들리지 않고, 영적 위로도 사라질 수 있다. 이전에 우리를 하나님께 가까이 이끌어 주던 영적 훈련들도 소용이 없어 보이고, 심지어 내 신앙이 진짜이며 하나님이 내게 관심이 있으신지조차 의심이 들 수 있다.

흔히 어둔 밤을 지나는 동안에는 그렇게 옛 자아가 새 자아에 밀려나면서 영적으로 중대한 성장이 이루어진다. 발달심리학자 대니얼 J. 레빈슨(Daniel J. Levinson)은 이렇게 말했다. "생산성과 그 반대 개념인 침체는 둘 다 남자의 발달에 중요하다. 남자가 생산적이 되려면 침체되는 것—완전히 고갈된 채 성장이 멎고 정체되어 답보 상태에 빠지는 것, 의무만 많고 자아실현은 없는 삶의 늪에 빠지는 것—이 어떤 심정인지 알아야 한다. 죽어 가는 경험, 죽음의 언저리에서 살아가는 경험을 알아야 하는 것이다."[39]

이렇듯 어둔 밤을 통해 하나님은 우리 삶의 습관들을 고치시고, 무절제한 쾌락과 재물과 우쭐대는 자존심에 더 이상 애착을 두지 못하도록 사랑으로 영적 이유(離乳)를 시켜 주신다. 하나님보다 안락과 위안을 더 구하는 우리의 영적 탐욕을 그렇게 잘라 내시는 것이다. 우리의 마음이 참되신 하나님이 아닌 다른 것에 바쳐져 있으면 우리는 거짓 신들을 숭배하는 것이다. 어둔 밤의 고통을 통해 하나님은 영혼과 심령을 이런 하위의 상전들로부터 떼어 내시고 그리스도 안에서 성숙해 가도록 일깨워 주신다.

우리 주님이 요한복음 15:1-8에서 충분히 가르치셨듯이, 농부는 가지가 영원히 가치 있는 양질의 열매를 맺도록 이미 열매 맺고 있는 가지를 줄기 끝까지 쳐 준다. 캐슬린 노리스(Kathleen Norris)는 "위기와 재난의 취지는 우리를 겁주거나 야단쳐서 복종을 강요하려는 게 아니라 우리를 격려해 변화와 치유와 성장을 이루게 하려는 것이다"[40]라고 지적했다. 결혼 생활과 마찬가지로 인생의 힘든 시기도 우리에게 성숙이 필요함을 절감하게 해준다. 힘든 도전의 시기는 즐거운 감정에 기초한 낭만적인 사랑을 진리와 헌신과 상대방을 위한 섬김에 기초한 **아가페** 사랑으로 바꾸게 해준다.

영혼의 어둔 밤은 프린스턴의 목회 신학자 제임스 로더가 말한 "변화의 순간"[41]에 딱 들어맞는다. 이렇게 그리스도 안에서 눈이 뜨이고 능력을 받는 순간의 예를 우리는 다메섹으로 가던 중에 구주를 만난 사울이나 식탁에서 부활하신 주님을 대면한 글로바와 다른 한 제자에게서 볼 수 있다. 변화의 순간은 **인격적 지식**으로 이어져 하나님과 자아에 대한 진리를 우리 영혼의 가장 깊은 부분에 접목시켜 준다. 인격적 지식(대상 **자체를** 아는 것)은 분석적 지식(대상에 **관해** 아는 것)과 모순되지 않으며, 오히려 훨씬 더 풍부하다. 삶을 바꾸어 놓는 이 순간에 하나님은 우리를 회개로 이끄시며, 그리하여 우리는 더 깊은 차원의 치유와 변화를 경험한다. 아울러 우리는 자기 자신을 더 깊이 이해하게 된다(물론 이생에서는 여전히 불완전한 이해에 머문다).

대니얼 레빈슨에 따르면, 건설적인 변화를 낳는 괴로운 일들은 우리 인생에 "중요한 획을 긋는 사건들"[42]이다.

영혼의 어둔 밤은 실직, 인생의 실패, 결혼의 파탄, 신앙의 박해 같은 외적 사건에서 비롯될 수도 있고, 중병, 신경 쇠약, 힘겨운 중년의 전환기 같은 내적 요인에서

> "영적 세계를 직접 경험해 보지 않고 말하는 사람은 사막에서 길을 잃고 목말라 죽어가는 사람과 같다. 그리스도인의 삶을 자기 것으로 삼지 않고 말하는 사람은 허구와 오류를 말해 상대방을 오도하게 된다."
> _위 마카리우스

비롯될 수도 있다. 그런가 하면 우리가 영적 여정의 어떤 중대한 고비를 넘어가면서 어둔 밤이 뒤따를 수도 있다. 그러나 궁극적으로 어둔 밤은 우리의 육적 본성을 정화하시는 하나님의 의도적인 활동에서 기인한다. 우리가 경험하는 모호함과 괴로움은 우리에게 죄의 정욕이 있고, 영적 추구가 부족하며, 하나님이 절실히 필요함을 부각시켜 준다.

어둔 밤을 통해 하나님은 우리 안에 가장 큰 일을 행하실 수 있다. 긍휼이 풍성하신 하나님은 우리를 생명의 물로 소생시키고 생명의 빵으로 먹

이려고 광야를 지나게 하신다. 모세가 광야에서 이스라엘 백성에게 말한 것처럼, "네 하나님 여호와께서…너를 낮추시며 너를 주리게 하시며 또 너도 알지 못하며 네 조상들도 알지 못하던 만나를 네게 먹이신 것은 사람이 떡으로만 사는 것이 아니요 여호와의 입에서 나오는 모든 말씀으로 사는 줄을 네가 알게 하려 하심"(신 8:2-3)이다. 제럴드 메이는 어둔 밤에 대해 "때로는 일이 완전히 틀어진 그 속에서 오히려 뭔가가 제대로 되고 있을 수 있다"43)고 말했다.

비유컨대 어떤 식물은 환한 양지가 아니라 그늘에서만 자라고, 어떤 식물은 아주 캄캄한 해저에서 자란다. 또한 우리가 하늘의 별을 즐기는 시간은 밝은 대낮이 아니라 어두운 밤이다. 사실 밤이 어두울수록 별은 더 찬란하게 빛난다. 마찬가지로 우리 영혼의 가장 어두운 순간도 우리에게 변화를 가져다줄 가장 큰 잠재력을 안고 있다. 깊이 내려가는 정도는 높이 올라갈 능력을 얻는다.

> "해방은 우리의 옛 삶이 무너질 때만 찾아올 수 있다. 하나님은 우리를 구하시려고 우리를 부수고 무력하게 하고 저항을 없애신다. 그때에야 그분은 아득한 태초부터 있었던 영원한 생명을 가지고 우리의 본성 속에 침투해 들어오신다."
> ─A. W. 토저

그러나 어둔 밤에 제대로 반응하지 못하면 그 격랑이 우리를 위험에 빠뜨릴 수 있다. 걷잡을 수 없는 혼란에 빠져 우리는 하나님이 계시지 않는다든지 가장 절실히 필요할 때 나를 돕지 않으셨다고 단정할 수 있다. 또한 어둠을 피해 달아나거나 하나님을 욕하거나 교회를 떠나거나 세상의 쾌락으로 허전함을 채우고 싶어질 수도 있다.

교회나 선교 단체나 기타 기관도 집단의 어둔 밤이라는 것을 경험할 수 있다. 개인이 어둔 밤을 경험하는 것처럼 기독교 공동체도 똑같은 혼란과 고갈을 겪을 수 있다. 최근에 개최된 영성 계발 포럼에서는, 미네소타 주와 캘리포니아 주의 일부 교회들이 영적 침체에 빠지고 교인이 줄었다가 영성 계발 훈련들을 재개함으로 하나님을 향한 열정이 되살아난 사례가 강조되었다.

21세기를 살아가는 우리 그리스도인들은 십자가의 요한이 말한 영혼의 어둔 밤을 우리 시대에 잘 적용해야 한다. 그래야 어둔 밤이라는 경험을 통해 최대한의 교훈을 얻을 수 있다. 헨리 나우웬은 우리가 이전에 애착을 두었던 대상들에 대해 죽어 가는 과정에서 자칫 "부정(否定)이 너무 많아져" 그것이 오히려 영혼과 심령을 주저앉힐 수 있다고 경고한다. 이를테면 "이전에 생각하고 느끼던 방식도 부정하고, 과거에 하던 일들도 부정하고, 무엇보다 한때 소중하고 활력을 주던 인간관계마저 부정할"44) 수 있다는 것이다. 우리는 엄격함과 기쁨 사이에, 부정과 하나님이 귀한 선물로 주신 삶을 즐기는 것 사이에 균형을 이루려 힘써야 한다. 오늘도 우리 신자들은 충성스런 친구, 맛있는 음식, 감동적인 음악, 하나님의 아름다운 창조 세계를 여전히 누릴 수 있다. 그러나 동시에 우리는 십자가의 요한이 말한 어둔 밤의 주된 특징들에서 많은 것을 배울 수 있다. 그중에서도 가장 중요한 점은, 아무리 아름답고 좋은 것일지라도 예수님을 "이것들보다 더"(요 21:15 난외주) 사랑하지 못하게 막는 것이라면 그 무엇도 사랑해서는 안 된다는 것이다.

어둔 밤과 우울증45)

신자들이 때로 어둔 밤과 우울증 증세를 동시에 경험하기 때문에 성경과 기독교 역사는 영혼의 어둔 밤과 우울증이 서로 관계가 있다고 보는 편이다. 예를 들어, 하나님이 우리의 삶에 부재하신다고 느껴지면 그것이 영혼을 낙담과 우울에 빠뜨릴 수 있다. 거꾸로, 마음이 우울하면 그것이 하나님 임재의 밝은 빛조차 어둡게 만든다. 그러나 어둔 밤과 우울증은 서로 구분될 수 있다. 토머스 무어(Thomas Moore)가 말한 대로 "우울증은 심리적인 병이고 어둔 밤은 영적인 시련이다."[46]

영혼의 어둔 밤은 몇 가지 점에서 우울증과 다르다. 흔히 우울증의 특징은 일의 효율성이 떨어지고, 현실에서 물러나 자아에 몰두하는 정도가 심해지는 것이다. 우울증은 여가 활동이나 투약을 통해 증세가 완화될 수 있을 뿐만 아니라 우울증에 걸린 사람은 대개 도움을 청한다. 그러나 영혼의 어둔 밤은 일의 효율성을 떨어뜨리는 일도 거의 없고, 약을 먹거나 레크리에이션으로 기분 전환을 해도 사실상 완화되지 않는다. 어둔 밤에 들어선 사람들은 대개 삶의 현실에서 물러나지 않으며, 다른 사람들을 향한 긍휼이 넘쳐날 때가 많다. 우울증과 달리 어둔 밤은 거룩한 땅에 서는 경험이며 영적 변화를 낳는다. 어둔 밤을 지나는 중인 사람과 함께 있으면 하나님의 지혜와 선하심이 피부에 와 닿을 때가 많다. "결국 어둔 밤의 경우에는 그것이 잘못된 상태가 아니라 그대로 올바른 상태라는 느낌이 기저에 깔려 있다."[47]

우리의 삶이 어두워지는 데는 죄짓는 삶, 우울증, 신체 질환 등 다른 원인들도 있을 수 있는데, 십자가의 요한은 영혼의 어둔 밤을 그런 다른 원인들과 구분지어 주는 징후를 최소 세 가지로 제시했다.[48] 어둔 밤의 징후는 첫째로, 어둔 밤을 지나는 사람에게는 하나님이 별로 위로가 되지 못한다. 둘째로, 어둔 밤을 지나고 있는 사람은 비록 영혼이 낙망에 빠져 있을지라도 하나님과 다시 이어지기를 간절히 바란다. 끝으로, 어둔 밤에 처한 사람은 하나님과 관계된 것들을 전에 하던 것처럼 묵상하지 못한다. 요한은 고통스런 어둔 밤을 통해 하나님이 더 깊은 관상 기도를 하도록 영혼을 준비시키신다고 역설했다.

어둔 밤은 변화를 낳는다

지금까지 배운 내용을 다시 정리해 보자. 우선 어둔 밤은 감각과 심령을 텅 비게 만들어 우리 안에 내재된 죄성이 부각되게 한다. 그렇게 영적으로 어두운 상태에 있으면 우리의 참 자아와 가장 깊은 필요와 숨은 죄가 더 똑똑히 보인다. 빈곤한 영혼은

> "이 곤고하고 어두운 관상의 밤이 가져다주는 첫째이자 가장 중요한 유익은 자아를 알게 하고 자신이 얼마나 비참한 존재인지를 알게 한다는 것이다."
> _십자가의 요한

그렇게 어둠침침한 밤 속에서 자기 본위, 이기주의, 자만심 등의 모습으로 더 또렷하게 제 실상을 드러낸다. 토머스 모어가 말했듯이, "영혼의 어둔 밤은 우리를 지옥으로 데려가고, 거기서 우리는 삶과 단절된 느낌이 들 뿐만 아니라 또한 자신의 비뚤어진 본성과 어두운 성향을 발견하게 된다."[49]

어둔 밤은 우리로 하여금 하나님을 의지적으로 찾게 만든다. 그래서 시편 기자는 "나의 환난 날에 내가 주를 찾았으며"(시 77:2)라고 고백했다. 이전에는 의무감으로 기도를 했다면 이제는 그것이 간절하다 못해 필사적인 기도로 바뀐다. 어둔 밤의 괴로움을 통해 우리는 하나님께 무조건 삶을 드리게 되고, 그리하여 하나님을 새로운 차원에서 알게 된다. 전에는 지적인 차원에서 **하나님에 관해서** 알았지만 이제는 관계를 통해 마음으로 **하나님 자신을** 알게 되는 것이다. 클레르보의 베르나르가 제시한 여정의 모델(부록을 참조하라)을 가지고 말한다면, 어둠은 "나를 위해 하나님을 사랑하는" 두

번째 단계에서 "하나님을 위해 하나님을 사랑하는" 세 번째 단계로 신자들의 방향을 틀어 준다.

앞을 분간할 수 없는 어둔 밤을 통해 하나님은 또한 우리의 옛 본성, 육적인 본성을 정화하고 변화시키신다. 십자가의 요한은 하나님의 사랑을 불이 장작을 완전히 말리고 태워서 변화시키는 것에 비유했다. 그는 「사랑의 산 불꽃」에 "어둠이라는 하나님의 불은 그분의 약이요 치료법이다. 그분은 그것을 영혼에게 주어 많은 병을 고치시는데, 그 목적은 오직 영혼에 건강을 되찾아 주시는 것…영혼에서 온갖 부류의 영적인 악을 몰아내시는 것이다"[50]라고 썼다. 어둔 밤이라는 불은 우리의 심령을 겸손하고 순결하게 고쳐 더욱 그리스도를 닮게 한다. "당신의 자존심, 자아, 창의성, 의미 등 당신을 구성하는 뭔가가 이 어둔 밤에 죽음을 맞는다. 그 어둠 속에서 당신은 당신의 근원에 이르는 열쇠, 당신을 당신답게 하는 더 큰 영혼을 발견할 수 있다."[51]

> "하나님이 그분의 얼굴을 숨기시면 삶이 근본부터 어두워지면서 전반적인 어둠이 우리를 덮친다. 그러면 심령은 하나님께 갈 수밖에 없게 되고 하나님은 즐거이 우리를 다시 회복시켜 위로해 주신다."
> _토머스 굿윈

그런가 하면 어둔 밤의 시련은 종교적 기분과 황홀한 체험에 집착하는 우리의 습성을 약화시킨다. 이제 변화는 도취된 감정에서 오는 게 아니라 하나님이 직접 말씀하시는 데서 온다. 십자가의 요한이 예리하게 지적했듯이, "즐거운 기분 자체는 영혼을 하나님께로 이끄는 것이 아니라 오히려 영혼을 즐거운 기분에 집착하게 만든다."[52] 어둔 밤은 우리 삶에서 하나님의 자리를 대신하고 있는 모든 낙이나 대상을 앗아 가고 우리를 하위의 상전들로부터 해방시켜 우리의 사랑과 기쁨이 더욱 깊어지게 한다. 예언자 이사야는 하나님이 고집스런 심령들을 그분께 돌아오게 하시려고 이스라엘 백성에게 "환난의 떡과 고생의 물"(사 30:20)을 주셨다고 말했다.

하나님이 숨어 계시는 시절을 통해 성도들은 당장 축복이 있든 없든 어떤 희생을 치르고라도 예수님을 따르는 사람이 될 수 있다. 매사가 순탄할 때면 우리 스스로 삶의 주관자가 되곤 하지만, 앞길에 어둠이 덮일 때면 무조건 하나님을 신뢰하는 수밖에 없다. 그도 그럴 것이, 눈에 보이는 것은 굳이 믿음을 요하지 않기 때문이다. 어둠의 시절을 지나면서 우리는 어떤 상황 속에서도 하나님을 신뢰하게 된다.

> "하나님은 어디에나 계시므로 결코 우리를 떠나지 않으신다. 하지만 그분은 임재하실 때보다 부재하실 때 우리에게 더욱 임재하실 수 있다."
> _토머스 머튼

어둔 밤은 또한 우리가 그리스도의 십자가를 지고 그분의 고난에 동참할 수 있는 기회가 된다. 덕분에 우리도 그리스도께서 당하신 배신과 고통에 동참할 수 있다. 바로 그 목표를 염두에 두고 사도 바울은 신자들이 그리스도의 남은 고난을 채운다는 개념을 묵상했던 것이다(골 1:24). 베드로는 "오히려 너희가 그리스도의 고난에 참여하는 것으로 즐거워하라"(벧전 4:13)고 덧붙였다. 예수님은 십자가에서 버림받으실 때 고난의 잔을 마시셨는데, "그 뒤로 그 잔은 하나님의 사람들 사이를 계속 돌고 있다."[53] 지금은 세상을 떠난 교황 요한 바오로 2세는 심한 고통으로 괴로워하는 사람들에게 "각자의 고난을 그리스도의 고난과 결합시킬"[54] 것을 당부했다.

어둔 밤을 지난다고 해서 우리의 과거 이력이나 성격 구조나 유전자까지 바뀌는 것은 아니다. 하지만 어둔 밤은 옛 자아와 그 정욕을 근본적으로 벗겨내고 그리스도 안에서 새 자아를 다시 빚어낸다. 우리가 하나님의 신비로운 작업에 협력하면 어둔 밤은 신앙 여정에서 우리를 형성해 주는 결정적인 경험이 될 수 있다.

개인 및 그룹의 묵상과 토론을 위한 질문

1. 이번 장을 읽고 나서, 영혼의 어둔 밤과 거기서 비롯되는 영혼의 소생에 대한 이해가 어떻게 더 확실해지거나 넓어졌는가?

2. 지금까지 당신이 붙들고 있는 우상, 당신의 삶을 온전히 하나님께 의탁하지 못하게 막는 애착의 대상은 무엇인가? 당신의 삶 가운데 마땅히 하나님이 하셔야 할 역할을 그 우상이 대신하는 영역은 어디인가?

3. 예수님은 참으로 당신의 모든 필요를 채우기에 충분한 분인가? 당신은 진정한 만족을 주지 못하는 하위의 애착 대상들을 다 버리고 예수님만으로 충분하다고 고백할 수 있는가?

5

구속의 반응

그러므로 나의 사랑하는 자들아…두렵고 떨림으로 너희 구원을 이루라.
너희 안에서 행하시는 이는 하나님이시니 자기의 기쁘신 뜻을 위하여
너희에게 소원을 두고 행하게 하시나니.

빌립보서 2:12-13

어느 집회에서 말씀을 전하던 중에, 나는 명문 대학교 졸업생이며 음악적 재능이 뛰어난 30대의 베스를 만났다. 베스는 처음 그리스도인이 되었을 때는 마음이 뜨거웠으나 그 뒤로 영적으로 고갈되고 혼란스런 시기가 찾아왔다. 친구들은 "네가 성경을 꾸준히 읽지 않아서 그렇다"든가 "기도 시간이 부족해서 그렇다"는 반응을 보였다. 한 신앙 선배와 상담해 보니 그 선배는 베스에게 영성 계발 사역으로 잘 알려진 어느 회복 공동체에서 지내 볼 것을 권했다. 그래서 베스는 직장에 6개월간 휴가를 내고 그 공동체에 자원봉사자로 들어갔다. 거기서 만난 영성 지도자는 베스에게 기분과 상관없이 날마다 정한 시간에 하나님을 만날 것을 권했고 또한 렉티오 디비나,[1] 하나님의 음성 듣기, 영적 일기 쓰기 같은 영적 훈련들도 실천하도록 이끌어 주었다. 아울러 베스가 참여한 영성 계발 그룹에서는 멤버들이 신앙의 여정을 돌아보며 서로 격려와 기도로 지원해 주었다. 몇 달 만에 베스는 하나님과의 관계가 다시 살아나고 삶에 활력을 되찾았다.

이번 장에서는 방향이 어긋나는 어둠의 시절에 어떻게 하면 우리가 건설적으로 반응할 수 있는지를 살펴보고자 한다. 영적으로 괴롭거나 어둔 밤에 갇혔을 때 우리가 할 수 있는 일, 꼭 해야 할 일은 무엇인가? 우선, 우리의 고통을 확실히 덜어 줄 신기한 공식이나 일정한 단계 같은 것은 없다. 하지만 그렇더라도 우리 쪽에서 적극적으로 나서서 적절한 행동을 취해야 한다. 여기서 자칫 우리가 범할 수 있는 몇 가지 오류가 있는데, 예컨대 내가 끼어들지 않아도 하나님이 알아서 해주시겠거니 하는 수동적인 태도, 거꾸로 하나님을 제쳐두고 내 힘으로 다 해결하려는 태도, 희망을 버리고 절망의 소용돌이에 빠지는 태도 등을 꼽을 수 있다.

하나님의 몫, 제자들의 몫

하나님은 삶의 즐겁거나 고통스런 모든 상황 속에서 일하셔서 그분의 백성을 변화시키고 그분의 나라에 진척을 이루신다. 그래서 예수님은 유대인 지도자들에게 "내 아버지께서 이제까지 일하시니 나도 일한다"(요 5:17)고 말씀하셨다. 우리 또한 하나님과 협력하여 그분의 목적인 구속을 이루어 나가는 것이 자비로우신 아버지의 뜻이다. 바울은 하나님이 우리의 구원을 위해 일하시지만 우리도 우리 몫을 다해야 함을 강조했다. 베드로도 하나님이 경건한 삶에 필요한 자원을 충분히 공급해 주시지만(벧후 1:3) 우리 쪽의 반응도 꼭 필요하다며(벧후 1:5-8), 그분과 우리가 협력하는 원리를 보여 주었다. 아울러 아우구스티누스도 하나님과 인간의 이러한 협력을 인정하면서, 하나님이 없이는 우리가 아무것도 이룰 수 없지만 하나님도 우리가 없이는 우리 삶 가운데서 일하지 않으신다고 말했다.

장 피에르 드 코사드는 "현재의 순간이 곧 성례다"라는 말을 만들어 냈는데, 이는 우리가 자질구레한 일상생활 속에서 하는 결정과 행동을 통해 그리스도께서 그분의 목적을 이루어 가신다는 뜻이다. 코사드는 우리가 겪는 시련과 평범한 일상 속에 하나님의 능동적인 활동이 숨어 있다고 믿었다. 아무리 고생스럽고 힘들지라도 우리는 "그분이 매순간 우리에게 정해 주시는 그것이 곧 우리에게 가장 거룩하고 유익하고 신성한 것이다"[2]라는 사실에서 위로를 얻을 수 있다. 고통과 어둠의 시절을 지날 때 그 시련 속에서 승리하고 싶다면, 우리의 몫을 충실히 다하고 결과를 하나님께 맡겨야 한다.

> "은혜의 반대는 공로이지 노력이 아니다. 하나님 나라의 열쇠이자 고요하면서도 능력 있는 삶과 사역의 열쇠는 방향을 잘 맞춘 과단성 있고 지속적인 우리의 노력이다."
> _달라스 윌라드

우리의 몫을 다한다는 말은 자신의 신체적, 정서적, 영적 세계에 주의를 기울인다는 뜻이다. 에벌린 언더힐은 「영혼의 집」(The House of the Soul)에서 그리스도인의 삶을 2층짜리 집에 비유했다. 아래층은 평범하게 지속되는 잘 정돈된 일반적 삶을 가리키고, 위층은 기도하며 가꾸어 나가는 영적 삶을 가리킨다. 그녀는 우리가 여정 중에 신체적·정서적 세계는 물론 영적 세계도 가꾸어야 한다고 역설했다. 이 점을 염두에 두고 생각해 보자. 우리는 어떻게 자신의 삶을 향한 하나님의 섭리와 목적에 협력할 수 있을까? 영적 여정에서 승리하려면 영혼의 전신갑주 중에서 어떤 것들을 입어야 하며, 시련을 이겨 내고 성장하여 풍성한 열매를 맺으려면 우리 쪽에서 어떻게 반응해야 할까? 성경은 물론 영적 권위자들도 이에 대한 지침을 주는데, 지금부터 그 내용을 살펴보고자 한다.

알고 있는 모든 죄를 버린다

먼저 우리는 자신의 마음 상태부터 점검해야 한다. 고뇌와 고통의 근본 원인 중 하나는 죄다(죄가 유일한 원인은 아니다). 죄는 주관적인 죄의식을 유발해 우리의 마음을 어둡게 한다. 찬란한 빛이신 하나님은 어둠과 교제하실 수 없기 때문에 우리는 자신의 잘못을 인정하고 회개하고 죄를 버려야 한다. 시편 기자는 이렇게 묵상했다.

> 여호와의 산에 오를 자가 누구며
>   그의 거룩한 곳에 설 자가 누구인가.
> 곧 손이 깨끗하며 마음이 청결하며
>   뜻을 허탄한 데에 두지 아니하며

거짓 맹세하지 아니하는 자로다. (시 24:3-4)

예수님은 산상수훈에서 "마음이 청결한 자는 복이 있나니 그들이 하나님을 볼 것임이요"(마 5:8; 히 12:14도 보라)라고 가르치셨다. 알고 있는 모든 죄를 고백하고 회개한 뒤에야 비로소 우리는 혼자만의 예배와 공동체의 예배 속에서 주님을 "볼" 수 있다.

그뿐 아니라 우리는 하나님이 값없이 베푸시는 용서를 받아야 한다. 하나님의 용서를 잘 받아들이지 못하는 성도들이 있다. 아무래도 자신을 용서하기보다 다른 사람들을 용서하는 편이 더 쉬울 때가 많다. 그러나 하나님이 이미 용서하셨는데도 우리가 자신을 용서하지 않으면 그것은 하나님의 은혜를 짓밟는 행위다. C. S. 루이스는 그리스도께서 이미 용서하셨는데도 우리가 자신을 용서하지 못하는 것은 하나님보다 우리가 더 높은 재판관이 되는 것이며, 이는 있을 수 없는 일이라고 말했다.³⁾ 델마 홀(Thelma Hall)에 따르면, "스스로 쓸모없는 존재라고 여기는 마음은 미묘한 형태의 교만이며 하나님이 용서하신 사람을 우리가 용서하지 않기로 하는 것이다."⁴⁾ 우리는 황금률("남에게 대접을 받고자 하는 대로 너희도 남을 대접하라"—역주)을 거꾸로 적용해, 다른 사람들을 대접하는 대로 나 자신도 대접하는 것이 좋다. 지금까지 내 경험으로 보아, 목사나 신부 등 영적 권위를 지닌 사람한테서 우리가 이미 용서받았다는 확신을 얻으면 하나님의 용서를 받아들이는 데 도움이 된다.

하나님은 우리에게 그분의 길로 행하려면 "거룩한 길"(사 35:8)로 다니라고 명하셨고, 이러한 도덕적 의무는 신약 성경에도 다음과 같이 되풀이된

> "그리스도께서 거하시는 성전이 오물로 가득한 마구간처럼 되는 것은 전혀 어울리지 않는 일이다."
> _장 칼뱅

다. "하나님이 우리를 부르심은 부정하게 하심이 아니요 거룩하게 하심이니"(살전 4:7). 그리스도와의 교제를 누리려면 우리는 신중하고 올바르게 행해야 한다. 바나 연구소에 따르면, 거룩하다는 말이 어울릴 만한 사람을 알고 있다고 말한 응답자는 거듭난 신자들 중에 55퍼센트에 지나지 않았다.[5] 기독교계는 거룩한 책인 성경에 명한 대로 거룩함에 대한 열정을 회복해야 한다.

신학교에 재학 중일 때, 나는 우리 삶을 향한 하나님의 뜻을 분별한다는 주제로 열린 어느 선교 대회에서 설교해 달라는 부탁을 받았다. 아직 젊고 경험이 없었기에, 설교학 교수님께 적절한 본문을 추천해 달라고 부탁했더니 그분은 주저 없이 데살로니가전서 4:3, 7을 권해 주셨다. "하나님의 뜻은 이것이니 너희의 거룩함이라…하나님이 우리를 부르심은 부정하게 하심이 아니요 거룩하게 하심이니." 우리에게 순결한 마음과 순종하려는 마음이 있으면 하나님은 우리에게 시련을 이길 은혜를 주신다.

나는 수십 년째 정신과 의사로 일해 온 한 경건한 사람을 알고 있는데, 사람들이 고민이 있어 도움을 청하면 그는 프로이트나 융의 통찰로 시작하지 않고 "당신의 삶에 아직 고백하지 않은 죄가 있습니까?"라는 간단한 질문부터 던진다. 죄를 그냥 품고 있으면 하나님의 사랑이 막혀서 흐르지 못하고, 불안과 가책으로 마음에 갈등이 생겨나는 것을 그 정신과 의사는 알았던 것이다.

> "영적 삶의 활력과 능력은 죄를 죽이는 데 달려 있다."
> _존 오웬

우리의 최악의 적은 우리 자신일 때가 많다. 그래서 우리는 모든 죄를 하나님의 은혜의 빛 가운데 두어야 한다. 우리는 그리스도의 완전한 의에 의지해 하늘 아버지께 용서를 받는다. 그러므로 영혼이 괴로울 때도 자신의 죄의식을 전체적인 시각에서 보아야 한다. 죄를 지나치게 슬퍼하여 하나님의 용서에 대한 희망마저 저버리는 것은 그 자체로 또 하나의 죄다. 청교도인 리처드 십스가 말한 대로, "애통과 슬픔이 우리를 하나님께로 데려가는 게 아니라 오히려 하나님과 멀어지게 한다면…영혼이 지나치게 낙망에 빠진 것이다. 비통과 슬픔과 겸손은 선하지만, 낙심은 악하다."[6]

하나님의 사랑을 확신한다

자신이 사랑받는 존재임을 아는 것보다 우리의 마음을 북돋아 주는 것은 없다. 우리를 속속들이 다 아시는 주님은 우리가 혼란과 회의에 빠져 있을 때조차도 우리를 깊이 사랑하신다. 다윗은 고달픈 여정을 가는 내내 하나님의 변함없는 사랑을 믿으며 자신을 이렇게 다독이곤 했다.

> 여호와는 긍휼이 많으시고 은혜로우시며
> 　노하기를 더디 하시고 인자하심이 풍부하시도다.…
> 우리의 죄를 따라 우리를 처벌하지는 아니하시며
> 　우리의 죄악을 따라 우리에게 그대로 갚지는 아니하셨으니,
> 이는 하늘이 땅에서 높음같이
> 　그를 경외하는 자에게 그의 인자하심이 크심이로다. (시 103:8, 10-11)

믿음은 눈물 너머를 바라보며, 사랑의 하나님이 내 울음소리를 들으시고 내 고민을 아시며 나를 도우실 것을 신뢰한다.

마음이 불안하거나 괴로울 때면 이 "가시"가 결국 나를 잘되게 하려고

하나님이 허락하신 상황임을 확신해도 좋다. 하나님이 고난을 통해 내 삶 가운데서 일하고 계심을 알기에, 우리는 끝까지 고통을 견뎌 낼 수 있다. 자애로우신 아버지께서는 기껏 우리를 버리시려고 여정의 이 지점까지 인도하신 것이 아니다. 하나님의 사랑과 자비와 신실하심을 곰곰 되새기는 사이에 우리의 마음은 힘을 얻어 눈앞의 도전에 맞서게 된다.

자애로우신 아버지께서는 우리의 한계를 아시며 우리의 역량을 벗어나는 고통은 허락하지 않으신다. 아무리 우리가 벼랑 끝으로 사정없이 내몰리는 것 같을지라도 말이다. 그래서 바울은 우리에게 "오직 하나님은 미쁘사 너희가 감당하지 못할 시험 당함을 허락하지 아니하시고 시험당할 즈음에 또한 피할 길을 내사 너희로 능히 감당하게 하시느니라"(고전 10:13)고 상기시켜 준다. 하나님은 갈대를 더 강하게 하시려고 구부릴 수는 있어도 절대로 꺾지는 않으신다(사 42:3). 얼마 전 내 여정에 힘든 시기가 찾아왔을 때, 나는 하나님이 내게 필요한 자원을 적시에 정확히 채워 주심을 보며 얼마나 기뻤는지 모른다. 광야를 방황하던 이스라엘 백성의 경우처럼 하나님은 내게도 매일 만나를 충분히 공급해 주셨다. 그러므로 아버지의 사랑이 어둠에 가려 희망이 가물거릴 때면, "그가 나를 죽이실지라도 나는 그를 의뢰하리니"(욥 13:15 난외주)라고 한 욥의 단호한 결심을 우리 것으로 삼자.

괴로운 심정을 하나님께 표현한다

치유에 꼭 필요한 한 가지 요소는 영혼의 속살을 드러내 우리의 가장 깊은 갈망과 상처를 하나님께 스스럼없이 털어놓는 것이다. 우리가 죄를 인식하고 하나님 앞에 인정하면 죄는 우리를 지배할 힘을 잃는다. 사랑의 하

하나님은 우리가 가장 깊은 고민을 그분께 솔직히 털어놓기를 간절히 원하신다. 우리는 아무런 감정도 내비치지 않고 억지로 웃으며 참을 게 아니라 실망과 슬픔의 모든 감정을 하나님 앞으로 가져가야 한다. 영적 안내자인 프리드리히 폰 휘겔은 그것을 이렇게 표현했다. "당신의 사랑과 삶이 가만히 그분께로 향하게 하라. 그러고는 그분의 전부를 원한다고, 용기를 구한다고 부드럽게 아뢰라."7) 우리가 도움을 청해도 하나님은 당황하지 않으신다. 오히려 그분은 우리가 마음에서 우러나 표현하는 필요를 진심으로 반겨 주신다.

옛 시편 기자들은 주님께 부르짖으며 이렇게 간절히 탄원하곤 했다.

> 내가 소리 내어 여호와께 부르짖으며
> 　소리 내어 여호와께 간구하는도다.
> 내가 내 원통함을 그의 앞에 토로하며
> 　내 우환을 그의 앞에 진술하는도다. (시 142:1-2)

솔직한 감정을 억압하면 영혼이 둔해지고 고통이 심해진다. 그러나 방향이 어긋난 고통과 진심 어린 갈망을 시편 69편, 77편, 88편과 비슷한 말로 표현하면 우리는 위로를 얻는다. 이렇게 마음의 짐을 솔직히 내려놓고 나면 긴장이 풀리고, 긍휼이 풍성하신 하나님이 우리를 소생시켜 주시도록 가만히 있을 수 있다.

모든 것을 하나님께 맡긴다

하나님을 찾으라! 괴로울 때면 우리는 종종 마음에서 우러난 진실한 갈망으로 하나님을 찾는다. "너희는 내 얼굴을 찾으라 하실 때에 내가 마음으로 주께 말하되 여호와여 내가 주의 얼굴을 찾으리이다 하였나이다"(시 27:8). 우리가 고민과 의혹을 하나님 앞에 솔직히 털어놓으면 그분은 우리의 진실한 의문을 존중해 주신다. 다윗도 지치고 힘들 때면 자주 주님을 찾았다.

> 내 마음이 약해질 때에
> 땅 끝에서부터 주께 부르짖으오리니
> 나보다 높은 바위에 나를 인도하소서. (시 61:2)

하나님을 찾으면서 우리가 확신해도 좋은 것이 있는데, 바로 지금까지 그분이 나를 찾고 계셨다는 사실이다. 그러므로 순수한 동기로 그분을 끈질기게 찾으면 우리는 반드시 그분을 만나게 되어 있다.

하나님께 순복하라! 우리 인생에서 방향이 어긋나는 시절을 통해 하나님은 우리를 자기혐오로 부르시는 게 아니라 순복으로 부르신다. 삶이 무너져 내리면 비로소 우리는 원래의 주인이신 그분께 자신을 전부 드리게 된다. C. S. 루이스는 하나님께 순복하지 않는 위험을 이렇게 지적했다. "먼저 우리가 하나님의 것이 되지 않고는 하나님이 우리에게 복을 주실 수 없다. 우리 안에 내 영역을 지키려 하는 것은 곧 죽음의 영역을 지키려는 것이다."[8] 예수님이 제자인 우리에게 주신 평안을 누리려면 우리가 완전히 구주의 팔에 안겨야 한다. 우리가 하나님께 온전히 순복하면 그

> "깨닫는 데 오래 걸렸지만, 하나님은 내가 그분께 무엇을 가지고 가든 상관하지 않으신다. 다만 내게 무조건적인 순복을 원하실 뿐이다."
> _오스왈드 챔버스

분이 잔잔한 임재로 우리에게 복을 주신다.

순복이란 단순히 아기가 만족스럽게 엄마 품에 안겨 있는 것처럼 우리도 힘을 다 빼고 아버지의 사랑의 품에 안겨 있다는 뜻이다. 그렇게 사랑의 품에 꼭 안겨 있으면 최고의 토기장이께서 진흙인 우리를 마음대로 빚으실 수 있다. 제노바의 카타리나(Catharina de Genova, 1447-1510)는 스스로 하나님께 "내 집의 열쇠들"을 드려야 그리스도께서 막힘없이 자신을 변화시켜 주실 수 있다고 믿었다. 순복의 행위를 한 번씩 할 때마다 불신의 껍질이 한 꺼풀씩 벗겨진다. 물론 하나님께 순복하면 내 삶에 대한 통제권을 잃게 되므로 그것은 두려운 일이다. 그것은 든든한 밧줄 없이 벼랑에서 뛰어내리는 것 같은 기분이다. 하지만 우리는 하나님께 전적으로 순복할 때에만 그분이 원하시는 온전하고 열매 맺는 사람이 될 수 있다.

C. S. 루이스가 그것을 잘 표현했다. "그리스도는 이렇게 말씀하신다. '나에게 전부를 달라. 내가 원하는 것은 네 시간의 얼마, 네 돈의 얼마, 네 일의 얼마가 아니라 바로 너 자신이다. 나는 너의 본성적 자아를 괴롭히려고 온 게 아니라 죽이려고 왔다.…대신 내가 너에게 새 자아를 주되 바로 나 자신을 주겠다. 나의 뜻이 곧 너의 뜻이 될 것이다.'"[9] 그리스도께 더 많이 순복할수록 그분을 더 많이 얻게 된다는 역설을 믿음은 이해한다.

> "하나님께 의탁하려면 나 자신의 뜻을 그분의 뜻 안에서 계속 잃어야 하고, 내 뜻을 그분의 깊은 뜻 속에 빠뜨려 영원히 분실해야 한다!"
> _잔느 귀용

하나님을 신뢰하라! 가슴이 미어지는 상황은 하나님을 신뢰할 수 있는 귀한 기회다. 삶의 시련을 더 이상 우리 힘으로 감당할 수 없을 때 우리는 유일한 도움의 근원이신 하나님을 의지한다. 순탄한 시절이든 격랑의 시절이든 하나님은 우리가 삶의 모든 시절에 그분을 신뢰하는 것을 기뻐하신다. 하나님은 옛 이스라엘 백성에게 이렇게 말씀하셨다.

> 흑암 중에 행하여
> 　빛이 없는 자라도
> 여호와의 이름을 의뢰하며
> 　자기 하나님께 의지할지어다. (사 50:10)

우리가 영생의 선물을 믿음으로 받았듯이, 이 땅에서 힘겨운 인생 여정을 가는 동안 우리를 끝까지 지켜 줄 것도 바로 그 믿음이다(골 2:6을 보라).

우리는 바다 물결처럼 밀려왔다 밀려가는 자신의 변덕스러운 감정보다 하나님의 확고부동한 말씀을 신뢰하는 사람들이다. 어둠 속에서도 우리는 삶의 모든 영역에서 하나님께 순종하며, 기록된 말씀의 지시와 성령의 인도하심에 따르기를 힘쓴다. 시편 기자는 "이 말씀은 나의 고난 중의 위로라. 주의 말씀이 나를 살리셨기 때문이니이다"(시 119:50)라고 증언했다.

몇 년 전에 젊은 그리스도인 사역자인 내 친구 댄이 목숨이 위태로운 뇌종양 진단을 받았다. 우리는 댄 부부에게 식사를 가져다주곤 했는데, 댄은 괴로워하는 기색이 역력했다. 나는 그에게 들려줄 격려의 말을 가르쳐 달라고 속으로 성령께 기도했다. 그리고는 주님의 인도하심에 따라 친구를 끌어안고 이렇게 말해 주었다. "댄, 하나님이 우리 사랑의 주님께 그리고 자네의 인생을 향한 그분의 목적에 자네를 남김없이 모두 의탁하도록 부르고 계신 것 같네. 그분은 더할 나위 없이 신실하신 분이니 자네에게 최선의 것으로 주실 걸세." 댄이 뇌 수술을 받고 암에서 회복되자 의사들은 깜짝 놀랐고, 그렇게 완치된 상태가 지금까지도 지속되고 있다.

하나님을 기다리라! 마음이 심란하거나 괴로울 때면 우리는 하나님이 지금 그분의 뜻을 이루시는 중임을 절대로 의심하지 말고 그분을 기다려야 한다. 신앙이 어렸을 때만 해도 나는 주님을 기다린다는 것이 무슨 뜻인지 잘 몰랐고, 지금도 주님의 완벽한 타이밍을 참을성 있게 기다려야 한다는 것이 힘들 때가 있다. 하지만 주님을 기다린다는 것은 하나님이 그 뜻을 확실히 펼치실 수 있도록 믿음을 최대한 연장하는 것임을 이제는 안다. 어둔 밤을 통해 연단을 받은 마틴 마티는 기다림이란 "겨울철 같은 영성의 핵심 요소"[10]라 했고, 불안에 찬 시편 기자는 그것을 이렇게 표현했다.

> 나 곧 내 영혼은 여호와를 기다리며
> 　나는 주의 말씀을 바라는도다.
> 파수꾼이 아침을 기다림보다
> 　내 영혼이 주를 더 기다리나니
> 　참으로 파수꾼이 아침을 기다림보다 더하도다. (시 130:5-6)

기다림은 우리가 하나님께 행동을 강요할 수 없음을 일깨워 준다. 우리는 다만 그분이 적시에 응답하실 것을 신뢰하며 안심하고 기다릴 수 있을 뿐이다. 우리가 인내하며 주님을 기다림은 하나님이 급하게 쫓겨 목적을 이루시는 분이 아니기 때문이다. 대개 몸과 영혼의 회복은 하룻밤 사이에 되는 일이 아니다. 하지만 기다리는 동안 우리는 안전한 피난처이신 하나님께로 피해 있는 것이다.

하나님의 음성을 들으라! 하나님의 음성을 경청하는 일은 몸이 열 개라도 모자랄 정도로 정신없이 바쁜 우리 문화에서 등한시되는 영적 연습이다. 주님은 늘 자신의 사람들에게 임재하시지만, 삶이 워낙 분주함과 소음으로 어지럽다 보니 우리가 그분의 음성을 듣지 못할 때가 많다. 내가 경험을 통해 깨달은 바로는, 하나님은 번갯불이나 천둥소리로 말씀하시는 경우가 거의 없다. 대개 그분은 성령의 부드러운 신호를 통해 말씀하신다. 엘리야가 갈멜 산에서 850명의 거짓 예언자와 싸워 극적으로 승리한 후에 광야로 달아났을 때, 하나님은 근심에 젖은 이 예언자에게 폭풍이나 지진이나 불로 찾아오신 게 아니라 "세미한 소리"(왕상 19:12)로 찾아오셨다.

우리 내면의 혼란스런 소리들보다 하나님의 음성을 들으려면 그냥 존재하며 경청할 수 있는 조용한 자리를 찾아야 한다. 예수님의 양은 목자이신 그분의 음성을

> "우리를 사랑받는 자라 불러 주시는 하나님의 음성을 들을 때마다, 우리 안에 그 음성을 더 오래, 더 깊이 듣기 원하는 열망이 있음을 보게 된다. 이는 마치 광야에서 우물을 발견하는 것과 같다."
> _헨리 나우웬

본능적으로 알기 때문에,[11] 우리는 지금 나에게 말씀하시는 분이 그분임을 확신할 수 있다. 이렇게 마음의 주파수가 맞추어져 있으면 우리의 삶을 지도하시고 격려하시는 그분을 분간할 수 있다. 마더 테레사가 그것을 다음과 같이 잘 표현했다. "소음과 부산함 속에서는 하나님을 만날 수 없다. 하나님은 침묵의 친구이시다. 나무와 꽃과 풀 같은 자연이 어떻게 침묵 속에서 자라는지 보라. 별과 달과 해가 어떻게 침묵 속에서 운행하는지 보라. 침묵 기도를 통해 더 듣고 받을수록 그만큼 우리는 능동적인 삶을 통해 더 많이 내줄 수 있다."

하나님의 경륜 속에서 고난의 가치를 인식한다

영적 삶의 한 가지 근본 진리는 예수님을 닮아 가려면 우리가 시험과 시련을 통해 빚어져야 한다는 것이다. 그리스도 안에서 성숙에 이르는 길은 장미꽃 화단보다는 가시덤불 속을 더 많이 지나간다. 우리는 고난이 싫어 저항하지만 고난은 하나님이 우리를 경건하게 기르시는 데 사용하시는 주된 수단 중 하나다. 프랑소아 페넬롱이 말했듯이, 지금껏 하나님이 "시련을 통해 우리를 낮추시고 우리의 교만과 육적 지혜와 알량한 자존심을 꺾으셔야 했던"[12] 것은 냉엄한 진리다. 우리가 시련 속에서 하나님께 순복하면 그분은 우리의 고뇌를 영원한 선으로 바꾸신다.

> "육신의 부식과 고난은 죄의 녹을 태워 없애고 의인의 삶을 완성시킨다."
> _캔터베리의 안셀무스

오랜 세월 몸의 고난을 겪은 프리드리히 폰 휘겔은 "잊지 말라. 고난이 없이는 기쁨도 없고, 시련이 없이는 인내도 없고, 수모가 없이는 겸손도 없고, 죽음이 없이는 삶도 없다"[13]고 결론지었다. 열두 제자가 따랐던 분도, 우리가 따라야 할 분도 **십자가에 못 박히신** 주님임을 잊지 말라. 친히 "받으신 고난으로 순종함을 배"(히 5:8)우신 예수님과 같아지려면 우리에게도 고통과 고난이 필요하다. 하나님의 아들이신 그분도 이 땅에 사시는 동안 시련을 통해 순종에서 자라가셔야 했다면 우리야 오죽 더하겠는가. 예수님을 닮으려면 우리의 고난을 그분의 고난과 연결해야 한다. 다만 우리의 과제는 단순히 고난을 견디는 것이 아니라, 고난을 수용하고 그 속에서 하나님을 발견하고 그것을 통해 그분과 더 가까워지는 것이다. 간단히 말하면, "이 어둠을 해결하는 길은 그 속에 들어가는 것 말고는 없다."[14]

"내면의 시내 산"을 향한 여정에 오른다

미답의 영토로 들어가기 전에 우리는 내면의 자아부터 알고자 힘써야 한다. 우리는 잡다한 의무에 짓눌려 눈에 보이고 손에 잡히는 문제들에 정신이 팔린 채 삶의 바깥 언저리에서 살아가는 경향이 있다. 삶의 스트레스 요인들은 흔히 우리를 영적 집에서 억지로 떼어 놓지만, 변화가 일어나려면 우리는 가장 깊은 중심을 향해 의지적으로 내면의 여정에 올라야 한다. 기독교계의 위대한 신학자인 아우구스티누스는 그 중심을 "내면의 시내 산"이라 부르며, "집 밖으로 나가지 말고 자기 내면으로 돌아가라. 진리는 인간의 내면 속에서 부풀어 오른다"[15]고 촉구했다. 우리는 내면의 여정에 저항하는 경향이 있는데, 그것은 이 여정 중에 영혼의 아직 치유되지 않은 부분들을 접하게 되면서 정서적·영적으로 불안해질 수 있기 때문이다. 개신교인들은 내면세계를 향한 의지적이고 훈련된 여정의 필요성을 간과하는 경향이 있는데, 이는 손해를 자초하는 일이다.[16]

내면의 여정을 가려면 삶의 속도를 늦추어야 한다. "끊임없는 활동에 어느 정도 여백을 두고 속도를 줄이는 일이야말로 깊고 풍요로운 삶의 필수 조건이다. 기쁨의 영과 서두름의 영은 한 집에 살 수 없다."[17] 이것은 앞에서 이미 인용한 말

> "자신의 약점을 아는 사람은 복이 있나니, 그 지식이 그에게 모든 선의 기초요 뿌리요 근본이 되기 때문이다."
> _시리아의 이삭

이지만 다시 한 번 들을 가치가 있다. 지금까지 내가 경험한 바로는, 내면의 여정을 가면(물론 자아에 함몰되지 않으면서) 이중의 복을 누리게 된다. 첫째로, 자신을 알게 되고(나 자신에 관한 진실) 자신을 이해하게 된다(내 장단점에 관한 인식). 내가 정말 어떠한 존재인지를 더 알게 되고 궁극적으로 예수 그리스도 안에서 나의 참 정체를 발견하게 되는 것이다. 둘째로, 내 존재의 중

심에 거하시는 그리스도와 맞닿게 된다. 예수님은 우리 안에 사시면서, 우리의 마음이 그분의 마음에 바짝 다가오기를 참을성 있게 기다리신다.

내면의 여정 중에 우리는 용서하지 않는 마음, 상처, 죄책감 등과 마주칠 수 있다. 하지만 하나님은 은혜로 우리의 옛 자아를 한 꺼풀씩 벗겨 내서서 우리를 더 온전하게 해주신다. 이 과정에서 밤중에 꾸는 꿈에 예의 주시하는 것도 도움이 되는데, 꿈이 우리의 무의식 속에 묻혀 있는 자아의 중요한 단면들을 드러내 보여 주기 때문이다. 꿈의 의미를 파악하기 위해 경건한 친구에게 조언을 구하는 것도 좋다.

토크쇼 진행자이며 작가인 데니스 프레이저는 "시간과 노력을 들여 자신에 대해 배우는 사람과 내면을 거의 들여다보지 않는 사람 중에 누가 심리적으로 더 깊이가 있겠는가?"라고 현명한 질문을 던진 뒤에, "깊이를 추구하는 것은 인간의 고유한 특성 중 하나요 인생의 가장 고결한 목표 중 하나다. 그것은 우리에게 지속적인 행복을 가져다준다"[18]고 덧붙였다.

우리가 내면의 시내 산을 향한 여정에 오르는 것은 건강한 영적 습관들을 실천함으로써 하나님을 더 친밀하게 알기 위해서다. 영적 훈련이란 우리를 영적으로 빚어 주고 하나님과의 교제를 촉진시켜 주는 연습을 말한다. 헨리 나우웬은 "우리는 하나님을 마음대로 움직이거나 조종할 수 없다. 그러나 신중한 훈련 없이는 그분을 받을 수도 없다"[19]고 예리하게 지적했다.

하나님의 값없는 은혜(인간의 노력이 들어가지 않은)를 강조하는 개신교인들에게는 영적 훈련들을 실천하려면 의식의 전환이 필요할지도 모른다. 영적 훈련들에 힘쓰면 거기서 얻는 유익이 훈련에 들어가는 노력을 훨씬 능가한다. 광야에서 생활한 세례 요한, 광야에서 40일간 금식하신 예수님, 자기 몸을 쳐서 복종시킨 바울 등 경건한 영혼들이 수행했던 엄격한 영적 단련을 생각해 보라. 그리스도를 닮은 모습으로 우리를 변화시키시기 위해 성령께서는 공예배, 고독, 기도, 금식, 피정, 영적 일기 쓰기, 영성 계발에 초점을 맞춘 성경 읽기(거룩한 독서) 같은 훈련들을 사용하신다. 매

> "우리 사회는 삶의 내면적인 차원을 전혀 모른 채 외면적인 것들에만 온통 사로잡혀 있어서, 어쩌면 그것 때문에 망할 것이다."
> _토머스 머튼

일 하나님을 만나는 훈련은 영혼의 어두운 밤을 헤쳐 나가는 데 꼭 필요한 훈련이다.

내면의 시내 산을 향한 여정의 핵심에 기도가 있다. 힘들 때는 기도할 마음마저 달아날 수 있지만, 그래도 하나님의 도움으로 최대한 의지를 동원해 기도해야 한다. 기도로 하나님께 우리의 마음을 올려드리면 그분은 당장 또는 우리가 바라는 대로 응답하시지는 않을지라도 반드시 들으신다(요일 5:14). 하나님이 우리가 바라는 시점에 바라는 방법으로 응답하시지 않는다면, 그것은 지혜가 완전하신 그분이 우리에게 더 좋은 것을 주시려고 계획해 두셨기 때문이다. 안심하라, 그분은 우리를 사랑하시며 전심으로 우리를 돌보고 계신다.

영적 성장을 촉진하려면 다양한 형태의 기도를 연습하는 것이 좋다. 이를테면 하루를 돌아보며 내가 어떻게 하나님을 기쁘시게 했거나 마음 아프시게 했는지를 살펴보는 성찰 기도도 있고, 하나님의 속성들을 묵상하면서 사랑으로 그분께 집중하는 관상 기도도 있다. 그런가 하면 다른 사람들의 도움으로 하나님께 우리의 신체적·정서적·영적 아픔에 치유의 능력을 베풀어 달라고 구하는 치유 기도도 있다. 하나님은 우리의 필요를 아시기 때문에, 우리는 익숙한 입술의 기도(간구, 중보)를 마음의 기도(경청, 하나님의 임재 연습)로 보완하는 것이 좋다.

기도는 우리를 늘 하나님의 마음과 통하는 상태로 있게 해준다. 노르웨이의 영성 작가 오 할레스비(O. Hallesby)는 "기도란 하나님을 향한 우리의 마음 자세라 할 수 있다. 따라서 기도는 두 사람이 서로 사랑하는 것과 똑같이 때로는 말로 표현되고 때로는 말없이 표현된다"[20]고 했다. 바울은 신자들에게 "쉬지 말고"(살전 5:17) 또는 "항상"(「메시지」) 기도하라고 당부했는데, 이는 늘 우리 영혼의 연인이신 그분 안에 거하며 그분을 사랑하고 그분과 대화하라는 뜻이다.

> "기도란 마음이 하나님께로 발길을 내딛는다는 뜻이다. 기도는 기쁨의 산등성이나 절망의 골짜기에서 감사와 사랑으로 외치는 소리이며, 내 마음을 활짝 열어 주고 나를 예수님과 가까워지게 해주는 광막하고 초자연적인 힘이다."
> _리지외의 테레사

전통적으로 '아스케시스'(askesis, 헬라어로 단련이나 훈련을 뜻한다)로 알려진 생활 수칙을 활용하면 내면의 시내 산을 향한 여정에 도움이 될 수 있다. 생활 수칙으로는 매일 두세 번씩 짤막한 기도 시간을 갖는다거나, 매주 여러 번씩 일기를 쓴다거나, 매달 피정을 간다거나 하는 것 등이 있을 수 있다. 운동선수에게 몸의 단련과 조절이 필요하듯이 영성 계발에도 영적 훈련이 필요하다. 그래서 바울은 "운동장에서 달음질하는 자들이 다 달릴지라도 오직 상을 받는 사람은 한 사람인 줄을 너희가 알지 못하느냐…이기기를 다투는 자마다 모든 일에 절제하나니, 그들은 썩을 승리자의 관을 얻고자 하되 우리는 썩지 아니할 것을 얻고자 하노라"(고전 9:24-25; 딤후 2:3-6도 보라)고 썼다.

영적 수칙은 훈련의 생활 방식을 촉진하여 우리를 예수님과 더 친해지게 하고 삶을 변화시켜 준다. 또한 훈련은 영적 무기력과 만성적인 분주함이 우리의 삶에서 하나님을 밀어내는 일이 없도록 우리를 지켜 준다. 유진 피터슨은 예컨대 몸의 중병이나 정서적 쇠약이나 관계의 실패 때문에 "본의 아닌 훈련"[21]이 불가피해진다면서, 평소에 의식적으로 훈련을 하면 그런 사태가 미연에 방지된다고 조언했다.

> "이러한 사랑의 지식을 여러 특정한 행위로 계속 반복하다 보면 결국 영혼에 습관이 붙는다."
> _십자가의 요한

과거에 베푸신 자비를 인해 하나님을 찬양한다

하나님은 진심으로 감사하는 심령을 사랑하신다! 최고의 시기는 물론 최악의 시기에도 우리는 생명을 주고 또 지탱시켜 주시는 주님을 찬양하는 것이 좋다. 시편 기자는 하나님의 임재와 위로가 사라진 것 같아 괴로워 탄식하다가도 하나님이 이전에 자비를 베푸시고 구해 주신 일을 기억했다. "곧 여호와의 일들을 기억하며 주께서 옛적에 행하신 기이한 일을 기억하리이다"(시 77:11). 낙심될 때면 하나님이 과거에 베푸신 복과 은총을 기억하며 그분을 찬양해야 한다. 옛날에 하나님의 백성은 자신들을 적에게서 구하시고 무서운 병을 고쳐 주시고 죄로 말미암은 재앙에서 건져 주신 하나님을 찬양했다.[22]

힘든 시기가 닥치면 나는 역경 속에서도 하나님을 찬양한 옛 성도들에게서 큰 힘을 얻는다. 과거에 하나님이 고통에서 구해 주신 일을 기억하면, 우리의 영혼과 심령이 기운을 되찾고 강해져 현재의 시련을 이겨낼 수 있다. 슬픔 속에서 하나님을 찬양하는 행위야말로 문제에서 해방되는 첫걸음이다. 그래서 시편 기자는 이렇게 노래했다.

내 영혼아, 네가 어찌하여 낙심하며

> 어찌하여 내 속에서 불안해하는가.
> 너는 하나님께 소망을 두라.
> 나는 그가 나타나 도우심으로 말미암아
> 내 하나님을 여전히 찬송하리로다. (시 42:11)

은혜가 풍성하신 하나님을 찬양하는 것은 곧 그분의 길이 우리의 좁은 생각을 벗어난다는 고백이기도 하다. 그리스도인의 여정에서 우리는 하나님의 목적이 때로 어둠에 가려질 때조차도 무조건 그분을 신뢰하는 법을 배운다.

성경에 나오는 귀한 약속들을 붙드는 것도 시련 속에서 하나님을 찬양하는 일에 해당된다. 욥을 본받고 아브라함의 희망을 품으라. 욥은 감당할 수 없는 재앙 속에서도 장차 대속자가 오셔서 자신을 다시 살리시고 하나님을 보게 해주시리라는 약속을 붙잡았다(욥 19:25-27). 또한 우리의 영적 조상인 아브라함에 대해서는 "믿음이 없어 하나님의 약속을 의심하지 않고 믿음으로 견고하여져서 하나님께 영광을 돌리며"(롬 4:20)라고 기록되어 있다. 그 밖에도 성경에는 확신과 위로를 주는 다음과 같은 약속들이 많이 있으니 그것들을 묵상하고 암송하라.

> "위험에 처할 때 하나님을 찬양하는 것이 얼마나 특효의 처방인지, 정말 신기하다. 하나님을 찬양하면 그 즉시 악이 약해지고 확신이 깊어지면서 믿음으로 하나님을 부르게 된다."
> _마르틴 루터

- 기다리는 자들에게나 구하는 영혼들에게 여호와는 선하시도다. 사람이 여호와의 구원을 바라고 잠잠히 기다림이 좋도다(애 3:25-26).

- 내가 잠시 너를 버렸으나 큰 긍휼로 너를 모을 것이요(사 54:7).
- 여호와의 말씀이니라. 너희를 향한 나의 생각을 내가 아나니 평안이요 재앙이 아니니라. 너희에게 미래와 희망을 주는 것이니라(렘 29:11).

성령의 감화로 성경에 기록된 하나님의 약속들을 신뢰하면, 그것이 우리의 고달픈 영혼에 희망을 가져다준다. 하나님의 약속은 낙심의 먹구름을 흩어 버리는 산들바람과도 같고, 지치고 메마른 영혼을 소생시키는 맑은 물과도 같으며, 굶주린 몸에 양분을 공급해 주는 좋은 빵과도 같다. 우리가 하나님의 약속을 신뢰하면 하늘에 계신 자비로운 친구께서 우리의 지친 영혼을 도우셔서 시련을 능히 감당할 뿐만 아니라 당당히 이겨 내게 하신다. 우리를 괴롭히는 고통이 클수록, 우리가 전심으로 하나님을 신뢰할 때 그분이 베푸시는 위로도 그만큼 커진다.

> "거룩한 약속들은 우리가 그것을 믿음으로 붙들고, 기도로 구하고, 희망으로 바라고, 감사로 받지 않는 한, 영혼에 아무런 위로나 힘이 되지 못한다."
> _찰스 스펄전

영적 길동무와 함께 걷는다

서구 문화를 지배하는 것은 개인주의와 독립심이다. 시카고의 전국 여론조사 센터에서 최근에 실시한 연구를 보면, 미국인들은 "과거보다 더 외롭고 단절된 삶을 살아가고 있다."[23] 이 연구가 확인해 주듯이, 전체적으로 대인관계의 폭이 점점 줄어 미국인의 거의 4분의 1은 친한 친구가 하나도 없다. 그러나 인생의 오르막길과 내리막길을 끝까지 잘 가려면 분별력 있는 영적 친구와 동행해야 한다. 영적 동행이라는 은혜를 통해 우리는 이중의 복을 받는다. 즉 영적 친구는 우리가 힘들 때 우리를 지원해 줄 뿐만 아니라 우리를 그리스도와의 관계에서 자라 가도록 도와준다.

우리 신자들은 우리의 큰 대제사장이신 예수님께 직접 나아갈 수 있지만, 그렇다고 해서 우리의 여정을 함께 걸을 인간 친구를 구하면 안 되는 것은 아니다. 본래 하나님이 설계하신 교회란 형제자매들이 서로 마음을 열고 그리스도 안에서 함께 빚어져 가는 지원 공동체다. 교회라는 몸 안에서 다른 사람들을 친밀하게 알아 가면서, 우리는 하나님과 그분의 길을 아는 데서도 자라 간다. 영적 길동무가 해주는 양육 사역을 통해 하나님은 우리가 귀신들과 대결하고, 치유받고, 성장하게 하신다. 기쁘게도, 그간의 내 삶을 돌아보면 나는 경건한 영적 길동무나 스승과 함께 걸을 때 가장 많이 성장했다.

영적 동행 혹은 영성 지도는 풍성한 역사를 지니고 있다. 모세와 나오미와 사무엘과 바울은 모두 이런 지원 사역을 베풀어 열매를 맺었다. 사도 바울은 고린도 교회를 향해 "그리스도 예수 안에서 내가 복음으로써 너희를 낳았음이라"(고전 4:15)고 상기시켰다. 그 밖에도 양육 사역을 한 사람들을 일부만 꼽아 보면, 사막의 남녀 교부들, 그레고리우스 대제(Gregorius the Great), 클레르보의 베르나르, 토마스 아 켐피스, 마르틴 루터, 아빌라의 테레사, 십자가의 요한, 청교도 목사들과 신학자들, 토머스 머튼(Thomas Merton) 등이 있다. 지금은 개신교 그리스도인들도 우리 시대에 영혼을 양육하는 이 생명력 있는 사역을 재발견하고 있다.

지금까지 내가 경험한 바로는, 경건한 영적 친구는 공감하며 들어주는 사람이고, 함께 분별해 주는 사람이며, 성령의 인도하심에 더 진실하게 반응하도록 도와주는 기도의 동지다. 영적 동반자는 그리스도와의 관계가 깊어지게 해주고 하나님 나라에 합당하게 살도록 독려해 준다. 많은 그리스도인 권위자들이 증언했듯이, 인생길을 경건한 영적 인도자 없이 걷는 것은 여러 모로 위험한 일이다. 클레르보의 베르나르는 "자신의 스승으로 자처하는 자는 미련한 자의 제자가 된다"[24)]고 지적했다. 그 밖의 신앙 스승들도 복음에 합당한 삶은 험한 길이라 혼자 힘으로 감당하기에

> "전적으로 확신하건대, 마음으로 진실을 말해 주고 사랑으로 당신을 지켜봐 줄 신실한 친구 한두 명이 늘 가까이 있다면, 당신은 신속한 진보를 이룰 것이다."
> _존 웨슬리

너무 벅차다고 역설했다. 우리에게는 그 길을 함께 걸어갈 사람들의 조언과 지도와 지원이 필요하다. 좋을 때든 궂을 때든, 내 힘으로 충분하다는 생각을 버리고 경건한 영적 스승과 함께 걷는 것이 좋다.

영성 지도가 이루어지려면 그리스도인 순례자가 자기 영혼에 벌어지는 일을 영적 친구나 스승에게 털어놓아야 한다. 영적 친구에게 솔직해짐으로써 감시와 지원과 격려를 부탁하는 것이다. 기도하는 영적 동반자가 있으면 자신의 삶 속에서 활동하는 영적 충동들에 주의하게 되는데, 그런 충동은 하나님에게서 온 것일 수도 있지만 육신의 죄성이나 악한 마귀에게서 온 것일 수도 있다. 영적 동반자는 하나님의 음성을 듣게 해주고, 성장에 저항하는 마음을 지적해 주고, 성령의 향기를 알아채도록 도와주고, 기도 생활을 독려해 준다. 이 모두가 우리를 그리스도와의 관계가 더 깊어지고 하나님 나라를 위한 봉사에 열매가 더 많아지도록 이끌어 주기 위한 것이다.

동아프리카 속담에 아프리카 평원의 영양들은 서로의 눈에서 먼지를 불어 없애 주려고 떼 지어 다닌다는 말이 있다. 예수님을 따르는 우리도 여정에 진보를 이루어 성숙해 가려면 서로가 필요하다. 기도하는 지혜로운 영적 인도자가 없으면, 굴곡 많은 인생 노정에서 쉽게 길을 잃을 수 있다.

> "영적 스승은 상담자나 치유자나 분석가가 아니라 성숙한 동료 그리스도인이다. 그는 내가 내 영적 삶을 책임지도록 하는 사람이고, 내 삶에 능동적으로 임재하시는 하나님을 분간하려고 끊임없이 씨름할 때 기도와 지도를 바랄 수 있는 사람이다."
> _헨리 나우웬

다른 사람들에게 자신을 내준다

마음이 어지럽거나 버림받은 기분이 들면 우리는 본능적으로 자신에게 몰두하는 경향이 있다. 그러나 자신의 문제에 골몰하여 자기 연민 속에서 뒹굴 게 아니라 관심을 나에게서 다른 사람들과 그들의 필요로 돌려야 한다. 이웃을 사랑하라는 지상 계명(눅 10:27)은 편할 때나 힘들 때나 관계없이 우리 인생의 모든 시절에 똑같이 중요하다. 베드로가 "서로 사랑하십시오. 여러분의 삶이 거기에 달려 있다는 듯이 사랑하십시오. 사랑은 실제적으로 무언가를 만들어 냅니다"(벧전 4:8, 「메시지」)라고 명한 대로, 우리는 사랑으로 서로에게 다가간다. 우리가 긍휼히 여기는 마음으로 다른 사람들을 섬기면, 하나님은 우리를 통해 그들을 그리스도 안에서 변화시키신다. 아울러 그 과정에서 우리는 자신의 영혼이 힘을 얻고 풍요로워지는 기쁨도 누린다. 아파하는 사람들의 경험 속으로 들어가면 우리 자신의 문제가 훨씬 작아 보일 때가 많다.

사람들을 사랑하는 것과 하나님을 사랑하는 것은 불가분의 관계다. 고통을 겪고 있는 형제나 자매를 사랑할 때, 우리는 하나님의 사랑과 은혜를 독특하게 경험한다. 프랑스의 테제 공동체에서 부르는 "사랑의 나눔 있는 곳에"(Ubi Caritas)라는 제목의 성가에 그것이 단순하고도 심오하게 표현되어 있다. "사랑의 나눔 있는 곳에 하나님께서 계시도다." 치유와 영적 성장은 나를 챙기고 내 이익을 구할 때가 아니라 나를 내줄 때 이루어지는 법이다. 힘든 시절을 지나는 사람들에게 사랑으로 자신을 내주지 않는 한, 하나님의 사랑을 충만하게 경험하기 어려울 것이다. 영적 스승인 프리드리히 폰 휘겔은 괴로워하는 영혼들에게, 다른 사람들을 향해 밖으로 나가 긍휼히 여기는 마음으로 사회에 참여하라고 독려했다. 그는 "기독교는 우리에게 다른 사람들을 돌보도록 가르쳤다. 돌보는 것이야말로 가장 위대한 일이요 가장 중요한 일이다"[25]라고 썼다.

> "고난 중에 우리는 너무 자신을 보호하기에 급급하고 너무 안으로만 향할 수 있는데, 그러면 하나님이 우리를 위로해 주라고 보내신 어떤 천사도 뚫고 들어올 수가 없다."
> _조엘 원

용기를 내고, 결코 포기하지 않는다!

삶의 괴로운 시절을 지나려면 꿋꿋함과 용기와 종종 악착같은 근성이 필요하다. 악한 마귀가 쉬지 않고 우리를 낙심시키려 들기 때문에 우리는 용기를 내야 한다. 삶의 만만찮은 시련에 맞서려면 예수님을 꼭 붙잡고 절망을 물리쳐야 한다. 하나님은 옛 성도들에게 고난 중에 인내하라고 명하신 것처럼 우리에게도 시련 앞에서 용감해지라고 명하신다.[26] 우리는 하나님이 그분의 때에 그분의 방식으로 우리를 만나 주실 것과 지속할 힘을 주실 것을 확신하며 어떤 상황 속에서도 용감히 견뎌야 한다. 청교도 목사 제러마이어 버로우즈(Jeremiah Burroughs)는 낙심에 빠져 있는 교인들에게 흔들리지 않는 믿음으로 인내하라며 이렇게 당부했다. "평소에 하나님을 만나던 (혹은 만나기 원하던) 그 자리에 그대로 있으십시오. 반드시 그분을 다시 만날 것입니다."[27]

우리는 하나님의 하나님 되심 때문에 그리고 그분이 우리에게 주시려고 쌓아 두신 비할 나위 없는 보물 때문에 용기를 낸다. 사도 바울은 말할 수 없는 고통과 박해 속에서도 "우리가 잠시 받는 환난의 경한 것이 지극히 크고 영원한 영광의 중한 것을 우리에게 이루게 함"(고후 4:17)이라고 고백했다. 그리스도인이 희망을 버리고 패배를 자인하는 것은 언제나 시기상조다. 성령의 감동으로 히브리서를 기록한 저자는 그리스도를 버리려는 유혹을 느끼는 그리스도인들에게 이렇게 간곡히 당부했다. "너희가 피곤하여 낙심하지 않기 위하여 죄인들이 이같이 자기에게 거역한 일을 참으신 이를 생각하라. 너희가 죄와 싸우되 아직 피 흘리기까지는 대항하지 아니하고"(히 12:3-4).

> "용감한 사람은 두려움에 정면으로 부딪쳐 정복하지만, 비겁한 사람은 두려움을 억누르다 오히려 정복당한다."
> _마틴 루터 킹 주니어

인생 여정에서 극심한 고난을 겪은 성도 윌리엄 카우퍼가 지은 다음과 같은 찬송시를 묵상해 보라.

성도여 놀라지 말고

절망 중에 두려워 말라.

예기치 못한 순간에

주가 오셔서 도우시리.

주의 도움 늦어져도

끝까지 참고 기다리라.

주의 약속 더디어도

반드시 이루어 주시리.[28]

개인 및 그룹의 묵상과 토론을 위한 질문

1. 은혜의 반대는 공로이지 노력이 아니라는 달라스 윌라드의 말을 깊이 생각해 보라. 이 말은 은혜의 하나님이 당신의 삶 가운데서 주도적으로

일하시지만 당신도 그에 순종으로 반응해야 함에 대해 당신에게 어떤 깨달음을 주는가?

2. 힘든 인생 여정에서 당신은 의지적으로 예수님께 모든 것을 내드린 적이 있는가? 당신은 주님이 인도해 주시거나 구해 주실 것을 끝까지 기다리며 사는가? 성령의 세미한 음성을 능동적으로 들으며 사는가?

3. 하나님 앞에서 당신의 기도 생활을 평가한다면 어느 수준이 되겠는가? 당신은 기도 응답이 더디어 보일 때도 힘을 얻어 끝까지 하나님을 포기하지 않은 적이 있는가?

4. 이번 장을 읽고 나서, 당신은 어려운 시련 중에 힘을 얻어 의지적으로 더욱 하나님을 찾으며 신뢰하고 있는가?

6

부활의 첫맛

여호와여…나를 사망의 문에서 일으키시는 주여…그리하시면 내가 주의 찬송을
다 전할 것이요 딸 시온의 문에서 주의 구원을 기뻐하리이다.

시편 9:13-14

20년 동안 선교사와 신학교 교수로 일하던 나는 탈진과 중년 전환기의 스트레스 때문에 혼란기에 들어섰다. 여전히 말과 행동을 바르게 하고는 있었지만 내 영혼은 불안해지고 고갈되었다. 다행히 나는 가톨릭의 은사주의 운동에 몸담고 있던 어느 훌륭한 신부를 알게 되어 3년 동안 그를 신앙의 스승으로 삼고 함께 걸었다. 그의 지도하에 삶의 속도가 느려지면서 나는 그간 소홀히 했던 훈련들도 실천하고, 신앙 고전들을 읽으며 힘도 얻고, 또 내가 꾸는 꿈들도 분석했다.

그 영적 스승은 뉴멕시코 주에 성령 충만한 베네딕트회 수도원이 있다며 나에게 그곳에서 열리는 피정에 참석할 것을 권했다. 나는 나중에 안식년을 맞아, 6주 동안 그 공동체에 입주해 공부하는 영성 지도 학교에 들어갔다. 그 공동체에는 그리스도를 닮은 따뜻한 환대, 매일의 규칙적인 훈련, 감화력 있는 가르침, 동지들과 함께 상그레 데 크리스토('그리스도의 피'라는 뜻—역주) 산맥을 오르는 상쾌한 등산 등이 있었고, 그 모두가 내 영혼을 소생시켜 주었다. 특히 매주 두 번씩 모이는 영성 계발 그룹과 일대일 영성 지도 시간이 나에게 회복과 새 힘을 가져다주었다.

함께 예배하고 배우고 나누고 기도할 때, 나는 수천 년 전에 베드로와 야고보와 요한이 경험한 일처럼 성령께서 나를 데리고 변화산으로 올라가 영광의 그리스도를 보게 하시는 것을 느꼈다. 아울러 비전과 열정과 능력이 살아 있던 1세기의 교회 생활 속으로 나를 이끌어 가시는 것도 느꼈다. 나중에 집에 돌아와 신학교 사람들에게 그런 은혜를 나누었더니 한 교직원이 나를 한쪽으로 데려가 "우리 학교에서 당신이 가장 변화된 사람입니다"라고 말했다. 하나님이 충만한 은혜로 내 영혼을 소생시켜 주셨던 것이다. 나의 경험은 "여호와여 주는 나를 돕고 위로하시는 이시니이다"(시 86:17)

라고 고백한 시편 기자의 경험과 비슷했다.

하나님은 자신의 자녀들이 고통스럽게 방향이 어긋난 어둠을 벗어나 기쁘게 방향이 회복되는 빛으로 나아가는 모습을 보기를 기뻐하신다. 다윗은 간음죄와 살인죄를 저지른 뒤에 다시 하나님과 화목하게 되면서 순전한 기쁨을 경험했다.

> 내게 즐겁고 기쁜 소리를 들려주시사
> 　주께서 꺾으신 뼈들도
> 　즐거워하게 하소서.…
> 주의 구원의 즐거움을 내게 회복시켜 주시고
> 　자원하는 심령을 주사 나를 붙드소서. (시 51:8, 12)

안타깝게도 그리스도인들 중에는 방향이 어긋난 시절을 끝까지 통과하지 못해 방향이 회복되는 기쁨과 즐거움을 놓치는 사람들이 있다. 십자가의 요한은 많은 사람이 그리스도의 십자가를 질 마음이 없다 보니 마지막까지 완주하는 사람이 별로 없다고 말했다. 그러나 하나님의 은혜로 어둔 밤의 여정을 끝까지 통과하는 사람들에게는 다음과 같은 놀라운 보상이 예비되어 있다.

새로운 조명

"빛이 있으라"(창 1:3) 하신 하나님의 명령으로 광활한 우주가 형성되었다. 창조하실 때 어둠에서 빛을 불러내신 하나님은 어둠에 빠진 영혼에도 조명을 밝혀 영적 방향을 회복시켜 주신다. 이사야가 회개와 방향 회복의 열매에 대해 한 말을 들어 보라. "일어나라, 빛을 발하라. 이는 네 빛이 이르렀고 여호와의 영광이 네 위에 임하였음이니라"(사 60:1). 하나님은 구름을 흩으시고 영혼의 그늘에 새 빛을 비추신다.[1] 다윗은 "주께서 나의 등불을 켜심이여. 여호와 내 하나님이 내 흑암을 밝히시리이다"(시 18:28)라며 기뻐했다. 은혜로 새로운 조명을 받은 성도들에게는 하나님의 임재 의식이 되살아나고 영적 실체가 더욱 분명히 지각된다.

> "하나님은 우리 각자가 짐을 얼마나 질 수 있고 밤을 얼마나 견딜 수 있는지 정확히 아신다. 그래서 영혼을 안심시켜 주시되, 처음에는 반가운 한 줄기 새벽별로 하시다가 나중에는 아침을 알리는 충만한 빛으로 하신다."
> _A. W. 토저

십자가의 요한은 영혼의 방향이 회복됨을 역설적으로 어두운 조명이라 표현했는데, 이는 하나님이 서서히 어둠을 몰아내시고 동이 트듯 자신의 사랑을 새롭게 계시해 주신다는 뜻이다. 그는 성령께서 방향이 회복된 영혼 안에 빛을 비추시는 사역을 불꽃이 타오를수록 바짝 마르는 불타는 장작에 비유했다.[2] 그는 또 영혼을 하나님의 빛이 더없이 환하게 비쳐 들게 하는 창에 비유하기도 했다.

청교도 목사들과 신학자들도 새로운 조명의 은혜를 증언했다. 한 청교도는 "주님의 선하심으로 말미암아 안개와 구름이 걷히고 하나님의 얼굴이 다시 나타나면서 내 영혼은 기쁨과 평안과 위로를 얻는다. 아, 하나님의 은총은 전보다 더 밝게 빛나고, 위로의 강물은 더 맑게 유유히 흐른다"[3]라고 썼다. 먹구름이 걷히면 우리의 영혼이 소생하여 하나님의 임재의 빛 가운데 행하며 천국의 복된 영광을 미리 맛보게 된다.

C. S. 루이스는 아내 조이와 사별한 슬픔 때문에 어두운 수렁에 빠져 하나님의 선하심을 심각하게 의심했다. 그런데 어느 날 그가 아침에 깨어 보

니 어둠이 걷히고 하나님의 얼굴이 다시 나타났다. "오늘 새벽의 일이었다. 여러 가지 이유로 내 마음이 지난 여러 주보다 가벼웠다. 열흘 동안 하늘이 잔뜩 찌푸린 채로 무덥고 습하게 정지되어 있더니 갑자기 햇빛이 나면서 산들바람이 솔솔 불어왔다." 은혜로 하나님은 이 근심에 빠진 변증자를 다시 자신의 임재의 빛 안에 들여놓으셨다. 루이스는 "더 이상 문이 굳게 잠겨 있지 않음이 서서히 느껴졌다. 괜히 내가 성질을 못 이겨 스스로 문을 쾅 닫아 버렸던 것일까?"[14]라고 회상했다. 괴로운 위기를 통해 루이스는 겸손해졌고 하나님을 더 깊이 신뢰하게 되었다.

부활의 광채

어둠 속에서 그리스도의 죽음에 동참하면 우리는 어둠에서 나와 그분의 능력의 부활에도 동참하게 된다. 시편 기자는 이 귀한 희망을 이렇게 표현했다.

> 우리에게 여러 가지 심한
> > 고난을 보이신 주께서
> > 우리를 다시 살리시며
> 땅 깊은 곳에서
> > 다시 이끌어 올리시리이다. (시 71:20)

성령의 능력으로 말미암은 부활은 구약에 예고되었다가 신약에 와서 성취된다. 이에 대해 유진 피터슨은 이렇게 말했다.

우리는 부활을 통한 영성 계발이라는 풍성한 전통 속에서 그리스도인의 삶을 살아간다. 예수님의 부활은 우리에게 "생명이 있는 땅에서 여호와 앞에 행"(시 116:9)할 수 있는 능력과 조건을 충족시켜 준다. 우리가 성령으로 말미암아 그리스도 안에서 새로운 피조물로 빚어지는 것은 예수님의 부활이 그런 현실을 가능하게 했기 때문이다.[5]

방향이 어긋난 고통의 시기를 다 지나면 우리의 삶이 영원히 달라진다. 제자들은 영적으로 그리스도의 능력 있는 부활의 삶에 붙들리게 되고, 그러면 지성과 의지와 감정과 도덕적 분별력과 관계의 역량이 모두 새 힘을 얻어 살아난다.[6] 깨어진 모습은 온전해지고, 약한 것들은 강해지고, 매였던 부분은 자유를 얻는다. 하나님이 우리를 다시 살리시면 옛 본성은 위력을 잃는다. 우리의 마음에 할례를 받아(신 30:6을 보라), 옛 자아 즉 이전에 자신을 규정하고 경험하던 방식은 죽고 그리스도 안에서 새로운 자아가 다시 태어나는 것이다. 아빌라의 테레사는 방향이 회복되는 예를 애벌레가 고치를 짓고 그 어둠 속에서 죽어 결국 예쁜 나비가 되어 자유로이 훨훨 날아가는 은유에서 찾았다.[7]

> "예수님의 삶처럼 우리의 모든 삶에도 부활이 찾아와 부활절의 기쁨이 동터야 한다."
> _마더 테레사

심령에 방향이 회복되면 거룩함을 갈망하게 되는데, 거룩함이란 하나님을 위해 구별되어 하나님이 주시는 능력으로 살아가는 삶이다. 최근에 바나 그룹에서 내놓은 "거룩함이라는 개념에 당황하는 대다수의 미국인"이라는 자료를 보면, "거듭난 무리 중에 하나님이 자신을 거룩함으로 부르셨다고 믿는 사람"은 46퍼센트에 지나지 않는다. 더욱이 "성년 초기(39세 이하)

일수록 중년이나 노년에 비해 하나님이 당신의 백성들에게 거룩함을 바라신다는 믿음이 더 적었다."8) 이런 연구 결과에서 보듯이 많은 그리스도인이 거룩함을 알지도 못하고 의지적으로 추구하지도 않는다. 그러나 근본적으로 방향이 회복된 영혼들은 생각과 말과 행동을 거룩하게 하려는 불타는 열망을 지니고 있다. 소생한 심령은 온전히 성화되려는 갈망으로 박동한다.

시몬 베드로의 삶이 영적 부활의 광채를 잘 보여 준다. 예수님은 갈릴리 바닷가에서 제자 일곱 명을 만나셨을 때(요 21장), 시몬을 회복시켜 변화시키는 심오한 일을 해내셨다. 그 바닷가의 아침 식사는 패배감에 젖은 이 제자에게 영혼을 성찰하는 시간이 되었다. 숯불은 그가 주님을 부인했던 뜰의 불을 상기시켰고, 그에게는 세 번이나 주님을 부인했던 고통이 되살아났다. 그 바닷가에서 초라한 어부 시몬은 영적으로 죽고 "반석" 베드로가 부활했다. 베드로는 자신을 용서하고 변화시켜 주시는 예수님의 은혜를 진심으로 받아들였다. 바로 이것이 기쁘게 방향이 회복되는 은혜다.

14세기의 영성 작가 노리치의 줄리안(Julian of Norwich)도 영적 부활을 경험했다. 죽을 뻔한 병에서 회복된 줄리안은 열여섯 번 "계시"(하나님이 보여 주시는 비전)를 받고 나서 극적으로 완치되었다. 그러한 극도의 고난을 통해 그녀는 기도 생활이 더 깊어지고 하나님의 사랑에 더 깊이 깨어났다. 몸이 나은 뒤에 줄리안은 이렇게 썼다. "하나님은 우리가 넘어지는 것을 허락하시고, 그분의 복된 사랑 가운데 힘과 지혜로 우리를 지키시며, 자비와 은혜로 우리를 들어올려 더 크고 풍성한 기쁨에 이르게 하신다."9) 아울러 이 기적 같은 회복에 힘입어 그녀는 "죄는 불가피하지만 결국은 다 잘될 것이다. 일마다 잘되고 다 잘될 것이다"10)라고 썼다.

친밀한 연합

신약 성경에 나오는 "그리스도 안에"라는 표현에 또 다른 고귀한 진리가 담겨 있는데, 그것은 바로 우리 신자들이 그리스도와 연합해 있다는 사실이다.[11] 물론 하나님의 관점에서 보면 우리는 거듭나는 순간부터 이미 그리스도와 연합한 존재이지만, 방향이 회복되는 뜻밖의 은혜를 통해 그 연합을 더 실감나게 **경험할** 수 있다. 이러한 연합의 예로는 예수님이 말씀하신 포도나무와 가지의 이미지(요 15:1-8), 신랑과 신부가 결혼을 통해 이루는 몸과 마음과 영의 연합(엡 5:28-32) 등이 있다.

바울은 우리와 그리스도의 이 신비로운 연합의 정수를 "주와 합하는 자는 (그분과) 한 영이니라"(고전 6:17)라는 말로 담아냈다. 방향이 회복된 제자들은 그리스도의 신비로운 몸 안에서 그분과 하나가 되고, 그리하여 성부와 성자와 성령께서 누리시는 사랑의 공동체 관계에 동참하게 된다. 아울러 구주와 연합한 제자들은 그리스도의 뜻에 일치된 생각을 품게 되고, 그리스도의 감정을 느끼게 되며, 그리스도의 모본을 따라 처신하게 된다. 이렇게 방향이 회복되는 은혜는 고전적 기독교 영성에서 말하는 이른바 "일치의 길"과 같은 것인데, 이는 하나님이 그리스도인들을 세상의 시스템 위로 들어올려 끊임없이 그분의 임재를 느끼며 살게 하신다는 뜻이다.

> "우리는 하나님과 결혼하여 그분 안에서 그분과 하나가 된다. 이렇게 그분과 결혼해 연합하면, 그분의 영이 우리의 영 안에 들어오시고 하나님의 수액이 우리의 영혼에 흘러든다."
> _프랜시스 라우스

방향이 회복되는 은혜는 우리를 그리스도와 더욱 친밀하게 해준다. 그리스도인들은 영적으로 하나님과 이어져 있으며, 그분이 자신을 깊이 아시고 온전히 받아주시고 무조건 사랑해 주심을 느낀다. 안전한 광야로 피해

다니던 다윗은 그런 친밀함을 간절히 바라는 마음을 이렇게 표현했다.

하나님이여, 주는 나의 하나님이시라.
  내가 간절히 주를 찾되
물이 없어
  마르고 황폐한 땅에서
내 영혼이 주를 갈망하며
  내 육체가 주를 앙모하나이다. (시 63:1)

이 연합의 특징은 평온함과 경청과 교감이다. 신부인 우리는 사랑과 관상(觀想)의 임재 속에서 신랑이신 주님과 함께 있는 것만으로 만족한다. 기독교 영성은 이 친밀한 관계를 하늘의 연인이신 그분과 영적으로 결혼한 것으로 표현했고, 십자가의 요한은 그 관계에 "사랑받는 우리의 전폭적인 변화"[12]가 내포된다고 했다.

친밀한 연합은 황홀경의 순간들을 낳을 수 있는데, 이는 신자들이 하나님의 사랑에 흠뻑 젖어 영적으로 도취된 상태를 말한다. 베드로와 야고보와 요한은 예수님이 하늘의 영광으로 변모된 모습을 보았고(마 17:2), 그 경험이 그들을 영원히 바꿔 놓았다. 그때 예수님의 얼굴은 해처럼 광채를 발했고, 그분의 옷은 번갯불처럼 희게 번쩍번쩍 빛났다. 또 모세와 엘리야가 하늘에서 나타나 예수님의 임박한 죽음과 부활에 대해 그분과 대화를 나누는가 하면, 밝은 구름이 제자들을 둘러싸면서 그 속에서 하늘 아버지의 이런 음성이 들려왔다. "이는 내 사랑하는 아들이요 내 기뻐하는 자니 너희는 그의 말을 들으라"(마 17:5). 제자들은 다른 세상에서 비쳐 오는 영광을 차마 감당하지 못해 바닥에 납작 엎드렸다. 찰스 웨슬리(Charels Wesley)는 한 찬송시에, 하나님이 영혼에 그분의 영광을 드러내실 때는 황홀경이 적절한 반응이라고 묘사했다.

성도들 황홀경에 취해
십자가의 주 바라보는
그 복된 곳 내게 보이소서,
주의 백성이 거하는 곳.[13]

제자인 우리는 영적으로 도취되는 체험을 일부러 구해서는 안 되지만, 하나님이 굳이 주실 때는 그것을 감사로 받아 삶의 모든 영역에서 그분을 기쁘시게 하고자 힘쓰면 된다.

동방정교회에서는 이 연합을 신화(神化, *theosis*)라는 말로 표현했는데, 이는 신자들이 하나님의 생명에 동참해 그리스도를 더욱 닮아 간다는 뜻이다.

> "신화된 또는 성화된 사람이란 무엇인가? 하나님의 영원한 빛을 뿜어내고 발산하며 하나님의 사랑으로 불타는 사람, 바로 그가 성화된 또는 신화된 사람이다."
> ―「마틴 루터의 독일 신학」

신학자들은 신화를 뒷받침해 주는 성경 말씀으로 베드로후서 1:4 등을 꼽는데, 그 구절을 보면 신자들이 그리스도의 약속들을 통해 "신의 성품에 참예"(개역한글판)한다고 되어 있다. 서구의 그리스도인들은 신화를 성도들이 영적 연합을 이루되 신과 인간이 섞이지 않은 채로 성령의 능력으로 말미암아 하나님의 생명에 동참한다는 뜻으로 이해한다. 신화라는 단어는 「마틴 루터의 독일 신학」(*The Theologia Germanica*, 은성: 14세기 중엽에 집필된 것으로 알려진 작자 미상의 신비주의 저작. 후에 루터가 출간하여 앞에 그의 이름이 붙기도 한다—역주)이라는 책에 성화와 거의 동의어로 자주 나온다.[14] 찰스 웨슬리의 또 다른 찬송시에는 신화가 이렇게 표현되어 있다.

> 낮고 천한 모습으로
> 육신을 입으신 주님,
> 우리 죄를 사하시고
> 신처럼 되게 하시네.
> 이 땅에 임하신 주님,
> 그 생명 우리 보겠네.

요컨대, 브레넌 매닝(Brennan Manning)은 "우리 심령의 가장 깊은 열망은 하나님과 연합하는 것이다. 존재의 첫 순간부터 우리의 가장 간절한 열망은 인생 본연의 목표—그분을 더 분명히 보고 그분을 더 깊이 사랑하고 그분을 더 가까이 따르는 것—다"라고 역설한 뒤 이렇게 덧붙였다. "우리는 하나님을 위해 지음받았으며 그 외에 어떤 것도 우리를 채워 주지 못한다."[15]

> "우리는 결코 하나님께 흡수되지는 않지만, 그분의 자비로운 의지와 연합해 있다. '신화'란 바로 그런 뜻이다."
> _클레르보의 베르나르

새로운 치유

영혼에 방향이 회복되면 그리스도 안에서 변화되지 못하게 우리를 방해하던 정서적 상처와 그 밖의 이슈들도 치유된다. 인간이란 영/혼과 몸이 연합된 전인적 존재이므로 영적인 문제와 심리적인 문제를 따로 뗄 수 없다. 우리 인간이 지니고 있는 정서적·관계적 결함들이 영적 성장을 방해한다.

하지만 방향이 회복되는 은혜를 통해 그간의 뿌리 깊은 원한, 열등감이나 우월감, 불신과 괴로운 기억의 영역 등에 새로운 치유가 임한다. 파멸을 부르는 육신의 행위들이 밀려나고 그 자리에 생명을 주는 성령의 열매가 들어서는 것이다(갈 5:19-24).

그뿐 아니라 우리는 그간의 교만을 버리고 겸손을, 불안을 버리고 평안을, 두려움을 버리고 경외를, 절망을 버리고 희망을, 자신이 못났다는 느낌을 버리고 자신이 사랑받는 소중한 존재라는 확신을 기쁨으로 취한다. 남자들은 그간 개발되지 않았던 여성적 특성이 보강되면서, 특히 직관과 공감 능력이 자라고 자신의 연약한 모습을 내보일 줄 알며 관계를 중시하게 된다. 반면에 여자들은 힘, 용기, 자기를 주장하는 능력 등 그간 개발되지 않았던 남성적 특성이 보강된다. 남녀 모두 예수님의 본을 따라 남성성과 여성성이 더 원만하게 통합되는 것이다.

> "치유는 오늘의 우리를 위한 것이다. 그것이 이전에 하나님이 능력과 의향이 있어 실제로 행하신 일이라면, 지금도 하나님은 자신의 뜻 가운데서 동일하게 행하실 능력과 의향이 있으시다."
> _A. W. 토저

이런 영적·정서적 결함들이 해결되면서 우리는 점점 온전한 존재가 되어 간다. 이제 우리는 머리로만 사는 게 아니라 풍성한 마음으로 살아간다. 성령께서 우리를 강박적인 행동 습성, 노예처럼 속박하는 중독, 사탄의 속임수에 넘어가기 쉬운 약점 등에서 해방시켜 주시므로 이제 우리는 모든 상황 속에서 하나님을 더 잘 공경하고 순종할 수 있다. 바울이 그것을 이렇게 잘 요약했다. "그리스도께서 우리를 해방시켜 자유로운 삶을 살게 해주셨습니다…그 누구도 다시 여러분에게 종의 멍에를 씌우지 못하게 하십시오"(갈 5:1, 「메시지」).

방향이 회복된 신자들은 또한 하나님의 샬롬을 경험한다. 샬롬은 예수님이 자신을 신실하게 따르는 사람들에게 주신 평안의 복이다.[16] 바울은 "모든 지각에 뛰어난 하나님의 평강이 그리스도 예수 안에서 너희 마음과 생각을 지키시리라"(빌 4:7)고 당당히 외쳤다. 청교도 조셉 시먼즈(Joseph Symonds)에 따르면, "우리에게는 평안과 위로를 누릴 권리가 있다. 그리스도께서 그것을 위해 죽으셨고 자신의 사람들에게 그것을 유산으로 남기셨기 때문이다."[17]

부활하신 그리스도는 시몬 베드로를 내면의 깊은 치유와 통합으로 이끌어 영적 방향을 회복시켜 주셨다. 이전에 고집 세고 완고하던 베드로가 이제 내적 자아에 있어 더 온전함을 이루게 되었다. 이전에 충동적이던 그가 이제 자신을 절제할 줄 알게 되었다. 이전에 불안정하던 그가 이제 강하고 견고해졌다. 이전에 종교적 현상에 사로잡혔던 그가 이제 강력한 영적 체험에 감사하되 그것에 연연하지 않게 되었다. 이전에 다른 사람들에게 지배당하는 것을 두려워하던 그가 이제 확실한 힘을 얻어 자신의 마음을 다스리게 되었다. 방향이 회복된 베드로는 더 이상 그리스도를 부끄러워하지 않고 담대하고 용감하게 구주를 증언했으며, 그분을 만유의 주로 고백했다(벧전 3:15).[18]

방향이 회복되면 내면이 치유되면서 낡은 습성이 새로운 실체에 밀려난다. 우리 안에 하나님의 형상이 회복되는 것이다. 치유가 이루어지면 하나님이 본래 의도하신 우리의 참 자아가 활짝 피어난다. 이처럼 영적·정서적·신체적 치유를 통해 우리는 역동적인 제자로 살아가며 하나님의 능력으로 하나님 나라의 고상한 목적을 위해 일할 수 있게 된다. 히브리 예언자는 이런 전인적인 회복을 이렇게 간절히 고대했다. "내 이름을 경외하는 너희에게는 공의로운 해가 떠올라서 치료하는 광선을 비추리니"(말 4:2).

지혜

방향이 회복된 삶에 주어지는 또 다른 은혜로, 우리는 지혜를 얻는다. 현대 문화는 다분히 정보와 지식에 매료되어 있으며, 디지털 기술 덕분에 누구나 어마어마한 양의 정보를 손에 넣을 수 있다(이 글을 쓰는 현재 인터넷 사이트는 족히 10억 개가 넘는다). 하지만 지식을 대량으로 수집했다고 해서 그 사람이 꼭 지혜로운 것은 아니다. 지혜란 하나님을 높이는 선택들과 의로운 생활로 나타나기 때문이다. 지혜는 하나님이 후히 주시는 선물이자(약 1:5-7), 우리 쪽에서 잘 가꾸어야 하는 것이다.

솔로몬은 하나님께 나라를 잘 다스릴 수 있는 지혜를 구했다(왕상 3:7-12). 하나님은 솔로몬의 청을 귀히 보시고 그에게 "지혜롭고 총명한 마음"(왕상 3:12)을 주셨고, 덕분에 이 왕은 귀한 일을 많이 했다. 솔로몬은 "대저 여호와는 지혜를 주시며"라고 증언한 뒤 이렇게 덧붙였다.

> 그런즉 네가 공의와 정의와 정직
> 곧 모든 선한 길을 깨달을 것이라.
> 곧 지혜가 네 마음에 들어가며
> 지식이 네 영혼을 즐겁게 할 것이요. (잠 2:6, 9-10)

잠언서 전체가 지혜의 덕을 논하고 있다.

지혜는 매우 실제적이다. 지혜로운 사람들은 부모를 공경하고, 사려 깊게 말하고, 부지런히 일하고, 아랫사람들을 공평하게 대한다. 또 그들은 돈을 신중하게 관리하고, 가난한 사람들에게 후히 베풀고, 부도덕한 삶을 멀리한다. 인구는 많고 자원은 점점 줄어드는 세상에서 지혜로운 사람들은 지구 상에 남길 탄소 공해의 양을 줄인다. 지혜로운 사람들은 삶 전체에서 하나님을 높이기에, 지혜는 여호와를 경외하는 것과 직결된다(잠 9:10). 결국 지혜의 중심은 "하나님의 능력이요 하나님의 지혜"(고전 1:24)이신 예수 그리스도이시다. 참으로 지혜로운 사람은 그리스도께서 이 땅의 모든 현실을 무한히 능가하심을 안다.

내 친구 조시는 명문 대학교에서 공학을 전공하고 경영학 석사 학위를 받았다. 국제적인 기업체의 소유주인 그의 아버지는 아들을 회사의 지도자로 키웠고, 조시는 곧 회사의 국제 영업부 대표가 되어 출장을 자주 다니게 되었다. 처음에는 사업을 확장하는 재미에 신바람이 났지만, 몇 년이 지나면서 그는 자신이 일에 치여 사느라 가족들과 함께 지낼 시간과 하나님과의 관계를 가꿀 여력을 다 빼앗기고 있음을 깨달았다. 그래서 기도하며 깊이 생각한 끝에 그는 영원한 가치에 더 부합하게 자신의 생활 방식을 조정해야겠다는 결론을 내렸다. 조시는 회사에서 낮은 직급으로 옮겼고, 그 덕분에 가족, 지역 교회, 영적 추구, 여가 등에 시간을 더 많이 낼 수 있게 되었다. 고위직의 위신을 버리고 실제적인 지혜를 취한 것이다.

분별력과 명철과 건전한 판단력은 지혜의 형제들이다(잠 2:1-6을 보라). 그래서 방향이 회복된 제자들은 삶을 보는 혜안, 영적인 세계에 대한 이해가 깊어진다. 그리스도의 마음을 복으로 받았기에 "신령한 자는 모든 것을 판단"(고전 2:15)한다. 분별력 있는 사람들은 신문 헤드라인이나 여론 조사 결과를 대할 때도 그 배후를 꿰뚫어 보며 사태의 본질을 파악한다. 또 그들은 세계의 여러 위기를 생각하면서 영적인 문제에 정치적인 해답이란 없음을 인지한다. 통찰력이 뛰어난 신자들은 영적으로, 사회적으로, 정치적으로, 경제적으로 더욱 내실 있는 발전의 길을 지향한다. 지혜롭고 분별력 있는 제자들은 삶에 흑백이 아닌 중간 지대가 많이 있음을 이해하며, 삶의 역설과 복잡성과 모호함을 존중한다.

다시 어린아이가 됨

성경에서 영적으로 성숙한 상태를 보여 주는 주요 지표 중 하나는 어린아이 같은 모습이다. 우리 주님은 친히 이것을 영적으로 방향이 회복된 사람의 핵심적 자질로 꼽으셨다. 주님은 몇 번이고 일곱 살 이하의 아이를 가리키는 '파이디온'(*paidion*)이라는 헬라어 단어를 쓰시며 이 주제에 대해 다음과 같이 가르치셨다.

- "진실로 너희에게 이르노니 너희가 돌이켜 어린아이들과 같이 되지 아니하면 결단코 천국에 들어가지 못하리라. 그러므로 누구든지 이 어린아이와 같이 자기를 낮추는 사람이 천국에서 큰 자니라. 또 누구든지 내 이름으로 이런 어린아이 하나를 영접하면 곧 나를 영접함이니"(마 18:3-5).
- "어린아이들이 내게 오는 것을 용납하고 금하지 말라. 하나님의 나라가 이런 자의 것이니라. 내가 진실로 너희에게 이르노니 누구든지 하나님의 나라를 어린아이와 같이 받들지 않는 자는 결단코 그곳에 들어가지 못하리라"(막 10:14-15).

어린아이가 되라는 예수님의 말씀은 무슨 뜻일까? 그분이 의의 기준으로 제시하며 칭찬하신 어린아이의 장점은 무엇일까? 사람들에게 어린아이와 같이 되라고 명하실 때 그분이 생각하신 자질들은 무엇일까? 다음과 같은 가능성을 한번 생각해 보라.

- 어린아이는 믿을 만한 보호자가 자신을 안아 주고 사랑해 주는 것을 좋아한다. 영성 작가 리지외의 테레사가 만든 "작은 길"은 아이들이 노는 모습을 본뜬 것이다.[19] 그녀는 영성을, 우리가 하나님을 대하되 뭔가를 성취하기 위해서가 아니라 그냥 어린아이처럼 그분을 의지하는 마음으로 대하는 관계로 보았다.
- 어린아이는 좋은 보호자를 자연스럽게 신뢰한다. 자비롭고 지혜롭고 선하신 하나님을 철저히 신뢰하는 것이야말로 성숙한 그리스도인의 기본 자질이다. 영적으로 성숙한 사람들은 하나님과 그분의 목적을 무조건 믿으며, 그리하여 불확실한 세상에서 두려움과 불안을 이겨 낸다.
- 어린아이는 근심과 꾸밈이 없다. 어린아이는 살아 있음에 대한 기쁨을 순간순간 표현하고, 마음이 침울하기보다 명랑하며, 웃고 놀기를 좋아한다. 영적으로 방향이 회복된 사람들도 마음속 가장 깊은 곳에서 우러나는 삶에 대한 열정이 있다.
- 어린아이는 체면을 따지는 어른들이 감히 입 밖에 내지 못하는 솔직하면서도 심오한 질문을 던진다. 한번은 가족들이 저녁 식사를 하는 자리에서 우리 딸 섀런이 기도하기 전에 "우리, 음식을 주신 하나님께 고맙다고 말해요"라고 말했다. 그러자 세 살 난 소피가 시원할 정도로 솔직하게 "하나님이 어디 있는데?"라고 물었다(지금은 소피도 하나님이 어디에나 계시다는 것을 안다).
- 어린아이는 미리 생각하지 않고 비교적 순수하다. 바울은 이 점을 염두에 두고 "악에는 어린아이가 되라"(고전 14:20)고 썼다. 성숙한 성도의 마

음은 악한 꾀나 행동을 지향하지 않고 진실과 친절과 정의를 지향한다.
- 어린아이는 삶의 단순한 것들을 즐기며 상상력이 풍부하다. 어린아이에게 신비란 풀어야 할 문제가 아니라 즐겨야 할 경이다. C. S. 루이스 같은 작가들은 상상력이 풍부한 소설이라는 장르를 통해 독자들의 마음속에 어린아이 같은 경이를 불러일으킨다.[20]

아무리 직관에 어긋나는 것처럼 보일지라도, 어린아이를 닮은 자질이야말로 "역설적으로 성숙의 이상(理想)"[21]이다.

바깥으로 향하는 여정

하나님은 결코 그분의 자녀들이 자아에 함몰되기를 원하지 않으신다. 긍휼이 풍성하신 하나님이 자녀들에게 고난의 경험을 허락하시는 것은 그들이 능력을 받아 다른 사람들을 섬기게 하시기 위함이다. 은혜는 나누지 않고 그냥 두면 말라비틀어진다. 이제 성령께서는 하나님의 경륜 가운데 내면의 여정에서 변화를 경험한 제자들을 바깥으로 떠밀어 다른 사람들을 긍휼히 여기며 섬기게 하신다. 우리가 제대로 훈련되어 있고 제대로 반응한다면, 영혼이 소생되는 내면의 여정 뒤에는 반드시 다른 사람들을 섬기는 외면의 여정이 따르게 되어 있다. 그래서 시편 기자는 "내가 주 여호와를 나의 피난처로 삼아 주의 모든 행적을 전파하리이다"(시 73:28)라고 증언했다.

신학자 로버트 웨버(Robert E. Webber)는 "하나님의 신비로 들어가는 내면의 여정과 다른 사람들의 신비로 들어가는 외면의 여정"[22]에 대해 썼다. 영적으로 방향이 회복된 성도들은 누가 시키지 않아도 외면의 여정에 올라 사심 없이 사람들을 섬긴다. 치유받고 다시 빚어진 우리는 다른 사람들도 이 복의 반경에 들어오게 하려는 새로운 목적을 가지고 섬긴다. 우리 존재의 웅어리까지 은혜에 깊이 적시었기에 다른 사람들에게도 예수님 안에 새 생명이 있다는 기쁜 소식을 알려 주는 것이다. 인생 여정에 꼭 필요한 부분인 이 타인 중심적인 삶에서 우리의 모본은 바로 우리 주님이시다. "인자가 온 것은 섬김을 받으려 함이 아니라 도리어 섬기려 하고 자기 목숨을 많은 사람의 대속물로 주려 함이니라"(막 10:45).

고통과 어둠의 시절에 뒤이어 다른 사람들을 섬기는 외면의 여정에 오른 인물들이 성경에 많이 나온다. 요나는 괴로운 불순종의 시절을 지낸 뒤에 마침내 하나님께 순종하여 니느웨 사람들에게 말씀을 전했다. 시몬 베드로는 예수님을 부인했다가 나중에 회복된 뒤로 다시 바깥으로 나와 초대 유대-기독교 교회의 지도자가 되었다. 바울의 삶에서도 내면을 거쳐 외면으로 나아간 비슷한 틀을 볼 수 있다. 바울은 극적으로 회심한 뒤에 2년 반 동안 광야에 칩거하며 장기간 내면의 여정을 통과했다. 그러다 그가 복음을 더 잘 알게 되고 그리스도와의 관계가 깊어지자, 성령께서 그를 바깥으로, 이방인의 세계로 떠밀어 가장 위대한 선교사가 되게 하셨다.

> "교인들이 외면의 여정에 오르지 않는 한 교회 갱신이란 이루어질 수 없다."
> _엘리자베스 오코너

17세기에 잔느 귀용(Jeanne Guyon) 등의 영향으로 신비주의의 잘못된 형태인 **정적주의**가 생겨났다. 명칭이 말해 주듯이, 이 운동은 영혼의 정적(靜寂)을 강조했고 외면의 여정인 봉사와 선교를 거부했다. 정적주의자들은 은혜의 감화에 반응하려는 노력, 유혹을 물리치려는 노력, 덕을 쌓으려는 노력이 전혀 필요 없다고 믿었다. 인간의 죄성에 체념할 것과 이웃에 무관심할 것을 조장한 정적주의는 제자도의 생활 방식으로는 형편없는 것이었다.

그리스도 안에서 방향이 회복된 사람들의 진정한 생활 방식은 관상과 행동의 **공존**으로 이루어진다. 개인이나 단체의 영성 계발을 위한 구속적 여정과 바깥의 다른 사람들을 위한 선교적 여정, 이 둘은 서로 협력하며 전진해야 한다.

이번 장 서두에 내가 생명력 있는 공동체에 체류하며 소생했다고 말했는데, 잠시 다시 거기로 돌아가 보자. 내가 배정된 영성 계발 그룹에는 나 말고도 다섯 사람이 더 있었다. 우리가 마음을 열고 삶을 나눌 때, 하나님이 깊은 영적 차원에서 우리를 하나로 묶어 주셨다. 마지막 모임을 기도로 마치고 있는데 놀랍게도 예수님이 성령으로 원 한가운데 서서 내 마음에 직접 이렇게 말씀하셨다. "브루스, 지난 몇 주는 네 인생을 바꾸어 놓는 여정이었다. 이제 치유되고 소생했으니 네 삶을 바쳐 다른 사람들을 섬겨라. 인생길을 가는 동안 다른 사람들을 축복하는 발자국을 남기도록 해라." 그 거룩한 순간에 나는 이렇게 대답했다. "주님, 좋습니다. 하지만 저 자신을 잊고 제 삶을 희생하여 다른 사람들을 사랑하면 저는 누가 챙겨 줍니까?" 예수님은 즉시 "내가 하겠다!"고 말씀하시어 나를 안심시켜 주셨다. 영혼이 회복되는 내면의 여정은 이웃을 섬기는 외면의 여정으로 이어지는 법이며, 하나님의 은혜로 언제나 그렇게 된다.

사랑 가운데 살아간다

성령께서는 방향이 회복된 신자들을 다른 사람들 중심의 삶, 사랑하는 삶으로 한결같이 떠미신다. 여정의 초반부에만 해도 우리는 자신에게 집중할 때가 많았으나, 이제 방향이 회복되고 변화되었기 때문에 다른 사람들에게 초점을 맞춘다. 하나님의 훈련으로 자기중심성이 뿌리뽑히면서 다른 사람들을 사랑할 수 있는 우리의 역량이 그만큼 자란 것이다. 여기서 말하는 사랑이란 감정이 아니라 주로 의지의 결단을 말한다. 사랑이란 다른 사람들을 풍요롭게 하기 위해 이기심을 버리는 선택이다. 제럴드 메이는 "모든 전통의 관상가들이 똑같이 말하는 한 가지 확실한 사실이 있는데, 바로 영적 삶의 관건은 사랑이라는 것이다"라고 지적했다. 그래서 그는 "영혼의 어두운 밤은 오직 사랑을 키운다는 목적을 위해서만 존재한다"[23)]고 말한다.

> "인간은 사랑할수록 하나님의 형상에 더 가까워진다."
> _마르틴 루터

고전 헬라어에는 사랑을 뜻하는 단어가 크게 네 가지가 있다. '필리아'(philia)는 우정을, '스토르게'(storge)는 가족 간의 애정을, '에로스'(eros)는 감각적 사랑을 가리킨다. 지금 우리가 말하는 사랑은 네 번째 단어 '아가페'(agape)로, 자기를 희생하는 사랑을 뜻한다. 조셉 스토웰(Joseph Stowell)은 아가페 사랑의 요소를 다음과 같이 네 가지로 꼽았다. 첫째, 아가페는 주로 느낌이나 감정이 아니라 선택, 의지적 결단, 헌신이다. 둘째, 아가페는 분명히 그 초점이 상대방에게 있다. 사랑하는 쪽에서 사랑의 대상을 위해 헌신하고 희생하는 것이다. 셋째, 아가페는 상대방이 알 수 있도록 "느껴진다." 즉, 아가페에는 분명히 감정과 애정도 개입된다. 끝으로, 아가페는 다른 사람들을 축복하고 세워 준다.[24)]

영적으로 변화된 사람에게 나타나는 첫 번째 열매는 하나님께 사랑받는다는 넘치는 즐거움이다. 방향이 회복된 성도들은 공기를 들이마시듯 하나님의 무조건적인 사랑을 호흡한다. 하나님께 사랑받는 것이야말로 우리가 살아가면서 바라거나 필요로 하는 전부임을 우리는 곧 깨닫게 된다. 하나님의 넘치는 사랑을 흠뻑 누리면 그것이 우리 마음에서 두려움과 불안을 몰아낸다. "사랑 안에 두려움이 없고 온전한 사랑이 두려움을 내쫓나니 두려움에는 형벌이 있음이라. 두려워하는 자는 사랑 안에서 온전히 이루지 못하였느니라"(요일 4:18). 하나님의 사랑을 알면 우리는 엉뚱한 대상에게 의존하는 습성, 사람들에게 인정받으려는 욕구, 기타 많은 것에서 해방된다.

방향이 회복된 제자들은 하나님의 사랑을 받을 뿐만 아니라 그분을 사랑한다. "예수를 너희가 보지 못하였으나 사랑하는도다…말할 수 없는 영광스러운 즐거움으로 기뻐하니 믿음의 결국 곧 영혼의 구원을 받음이라"(벧전 1:8-9). 방향이 회복된 우리 제자들은 하나님을 섬기되 의무감에서나 보상을 바라서가 아니라 순전히 그분을 사랑하기에 섬긴다. 변화된 성도들은 "이스라엘아, 들으라. 우리 하나님 여호와는 오직 유일한 여호와이시니 너는 마음을 다하고 뜻을 다하고 힘을 다하여 네 하나님 여호와를 사랑하라"(신 6:4-5) 하신 지상 명령을 기쁘게 수행한다. 그리고 전능하신 하나님은 우리가 그분께 드리는 사랑을 말할 수 없이 기뻐하신다.

아우구스티누스는 사랑하는 아들 아데오다투스('하나님이 주셨다'는 뜻)가 죽은 뒤로, 새로 회복된 사랑의 위력을 경험했다. 한때는 절망이 이 위대한 신학자의 마음을 지배했으나, 이제는 하나님을 향한 사랑이 그를 사로잡았다. 철학에서 하나님을 믿는 믿음을 거쳐 결국 그리스도께로 오기까지 파란만장했던 자신의 여정을 돌아보며 아우구스티누스는 하나님께 다음과 같은 사랑의 송시들을 지어 올렸다.

- "주님만을 사랑합니다. 주님만을 구합니다. 주님만의 소유가 되기를 간절히 원합니다."[25]
- "오 주님, 주님을 사랑합니다. 불타는 사랑으로 주님을 사모합니다. 이

땅의 모든 낙을 제 발로 밟습니다. 주님께 가고 싶습니다."²⁶⁾

리지외의 테레사는 그리스도를 어찌나 깊이 사랑했던지, 사랑을 자신의 사명으로 여겼을 정도다. 그 사랑의 길을 가며 그녀는 다음과 같이 간증했다.

- "그날 이후로 사랑이 나를 흠뻑 적시고 삼켜 버렸다."²⁷⁾
- "우리가 해 아래서 애지중지하는 모든 것은 덧없이 지나간다. 선한 것이라고는 오직 마음을 다하여 하나님을 사랑하고 늘 가난한 심령으로 있는 것뿐이다."²⁸⁾

이 땅에서나 천국에서나 그리스도인의 가장 큰 특권은 하나님을 사랑하고 그분을 즐거워하는 것이다. 이렇게 그분과 사랑을 나눔으로써 우리는 다른 사람들을 조건 없이 사랑할 수 있게 된다. 성경은 하나님을 사랑하는 것과 사람들을 사랑하는 것이 하나라고 말한다. 하나님의 사랑을 마음에 품고 있으면 자연히 다른 사람들을 사랑하게 된다. 그래서 사도 요한은 "우리가 사랑함은 그가 먼저 우리를 사랑하셨음이라"(요일 4:19)고 했고, 또 "사랑하지 아니하는 자는 사망에 머물러 있느니라"(요일 3:14)고 했다. 예수님은 본래 히브리인에게 주신 쉐마(Shema: "들으라"는 뜻으로 신 6:4-5을 가리킨다—역주), 즉 우리의 전 존재로 하나님을 사랑하라는 명령에 "네 이웃을 네 자신과 같이 사랑하라"(막 12:31)

> "사랑은 사람들을 사랑할 손이 있고, 가난하고 어려운 이들에게 빨리 달려갈 발이 있고, 불행과 결핍을 볼 눈이 있고, 사람들의 탄식과 슬픔을 들을 귀가 있다. 바로 그것이 사랑의 생김새다."
> _아우구스티누스

는 말씀을 덧붙여, 자신을 따르는 사람들에게 사랑할 것을 명하셨다. 사랑은 물질적 필요를 채워 주고 영적 삶을 양육하여 사랑의 대상을 돌본다.

바울이 로마서에 쓴 말은 그의 마음이 구원받지 못한 친구들을 향한 사랑으로 불타고 있음을 보여 준다. "나에게 큰 근심이 있는 것과 마음에 그치지 않는 고통이 있는 것을…나의 형제 곧 골육의 친척을 위하여 내 자신이 저주를 받아 그리스도에게서 끊어질지라도 원하는 바로라. 그들은 이스라엘 사람이라"(롬 9:2-4). 다른 사람들을 향한 사랑은 특히 그리스도 안의 형제자매들을 각별한 애정으로 품는다. 예수님은 "새 계명을 너희에게 주노니 서로 사랑하라. 내가 너희를 사랑한 것같이 너희도 서로 사랑하라. 너희가 서로 사랑하면 이로써 모든 사람이 너희가 내 제자인 줄 알리라"(요 13:34-35)는 명령으로 우리에게 이 고귀한 의무를 지우셨다. 베드로도 예수님의 그 명령을 이렇게 되풀이했다. "너희가 진리를 순종함으로 너희 영혼을 깨끗하게 하여 거짓이 없이 형제를 사랑하기에 이르렀으니 마음으로 뜨겁게 서로 사랑하라"(벧전 1:22).

하나님과 사람들을 향한 사랑은 예수님의 친구인 우리를 규정하는 덕목이 된다. 하나님의 자녀와 마귀의 자식을 구분해 주는 것은 우리가 해내는 큰일이 아니라 우리의 사랑이다. 방향이 회복된 그리스도인들은 하나님 나라의 최고선을 추구하는데, 그것은 바로 내 마음에 들지 않는 사람들이나 혹 나에게 해를 입힌 사람들에게까지 희생적인 사랑을 베풀며 그리스도처럼 사는 것이다. 십자가의 요한은 사랑보다 큰 것이 없으므로 장차 우리가 얼마나 잘 사랑했는지에 대해 심판을 받을 것이라고 말했다. "날이 저물면 우리는 사랑에 대해 평가를 받을 것이다. 그러므로 자기 방식대로 행동하던 것을 버리고, 하나님이 사랑받기 원하시는 대로 사랑하는 법을

> "사랑은 모든 것보다 뛰어나다. 사랑은 하늘이나 땅에 있는 무엇보다도 달콤하고, 무엇보다도 용감하고, 무엇보다도 높고, 무엇보다도 넓고, 무엇보다도 즐겁게 하고, 무엇보다도 만족을 주고, 무엇보다도 낫다."
> _토마스 아 켐피스

배우라."[29] 어린양 예수님의 제자들인 우리는 이렇게 자문하는 것이 좋다. '나는 내 여정에서 이전보다 지금 더 많이 사랑하고 있는가?'

영원한 세계를 관상한다

이 땅에서도 그리스도의 영광이 우리를 비추지만, 우리는 현세 너머에 있는 영원한 나라의 영광을 내다본다. 그 영광은 아담과 하와가 에덴동산에서 누렸던 영광을 능가한다. 바울은 그것을 이렇게 표현했다. "우리가 잠시 받는 환난의 경한 것이 지극히 크고 영원한 영광의 중한 것을 우리에게 이루게 함이니, 우리가 주목하는 것은 보이는 것이 아니요 보이지 않는 것이니 보이는 것은 잠깐이요 보이지 않는 것은 영원함이라"(고후 4:17-18). 주님의 교회와 성도들은 "나라와 권세와 영광이 아버지께 영원히 있사옵나이다"라고 기도하고 그 기도를 묵상한다.

칼뱅은 자기를 부인하고, 십자가를 지고, 천국의 기쁨을 묵상하는 것이 그리스도인의 삶의 세 가지 본질적 행동이라고 했다. 방향이 회복된 제자들은 더 이상 이 세상의 불빛에 현혹되지 않으며, 생각을 천국에 두고 그 시들지 않는 영광을 묵상한다. 천국을 관상하노라면 이생이 본질상 덧없음을 알게 되고, 영혼의 초점을 영원한 것에 맞추게 되며, 영광의 주님을

> "우리가 여기에는 영구한 도성이 없으므로 장차 올 것을 찾나니."
> _히브리서 13:14

더 깊이 사랑하게 된다. 우리가 미래의 삶을 묵상하는 방식은 생각을 비우는 것이 아니라 생각을 하나님의 말씀에 푹 적시는 것이다. 구약 성경에 나오는 관련된 예

언들, 산상수훈, 요한계시록이 이 모험에 특히 도움이 된다.

그뿐 아니라 순례하는 성도들은 천국에 우리 것으로 예비된 영원한 삶을 지금부터 조금씩 맛보며 즐긴다. 예컨대 우리가 어린양과 신부의 결혼을 생각할 때(계 19:7, 9), 하나님은 이생에서도 우리에게 외경과 경이의 순간을 허락하신다. 아우구스티누스는 이처럼 영원을 음미하는 연습을 권장하며 다음과 같이 썼다. "애타게 갈망하는 사람을 내게 달라. 이 광야에서 영원한 본향의 샘물을 찾아 헐떡이는 목마른 순례자, 그런 사람을 달라. 그는 내 말이 무슨 뜻인지 알 것이다."30) 이렇게 하나님이 영원을 조금씩 보여 주시면 우리는 그 영광을 마음에 간직하고, 거기에 힘입어 이 땅의 남은 여정을 지속해 나간다.

이를테면 방향이 회복된 베드로는 그리스도께서 변화산에서 영광을 보여 주신 기억을 고이 간직했다.

> 우리는 그의 크신 위엄을 친히 본 자라. 지극히 큰 영광 중에서 이러한 소리가 그에게 나기를 "이는 내 사랑하는 아들이요 내 기뻐하는 자라" 하실 때에 그가 하나님 아버지께 존귀와 영광을 받으셨느니라. 이 소리는 우리가 그와 함께 거룩한 산에 있을 때에 하늘로부터 난 것을 들은 것이라. (벧후 1:16-18)

이 장엄한 사건에 대한 기억에 힘입어 베드로는 힘든 사도의 직분을 감당해 낼 수 있었다.

방향이 회복된 신자들은 다른 세상을 위해 빚어진 존재이므로 그리스도와 함께 천국에 있기를 갈망한다. 17세기의 위대한 설교자 리처드 백스터(Richard Baxter)는 1647년 크롬웰의 군대에서 군목으로 섬기던 중에 병에 걸려 피를 2리터 가까이 쏟았다. 5개월 동안 그는 친구들의 집에서 요양하면서 성경을 읽고 천국의 영광을 관상했다. 백스터는 천국을 관상하다 보니 천국 집에 계신 그리스도께 가고 싶은 열망이 뜨거워졌다고 증언했다 (천사들의 합창 소리를 들었다고까지 말했다). 그때 백스터가 천국을 묵상한 내용을 기록한 책이 「성도의 영원한 안식」(*The Saints' Everlasting Rest*, 세복)이다.

지금까지 이번 장에서 우리는 그리스도 안에서 방향이 회복된 상태의 주요 특징을 쭉 살펴보았다. 그렇게 방향이 회복되면 모든 것이 새로워진다. 그러나 안타깝게도, 모든 그리스도인이 다 이처럼 기쁘게 방향이 회복되는 시절에 도달하지는 못한다는 사실도 우리는 인정해야 한다. 어떤 사람들은 전적인 순복, 철저한 신뢰, 시련 중의 인내 같은 대가를 치를 준비가 되어 있지 않다. 힘겨운 노정에서 하나님이 선물로 주시는 능력과 은혜를 받아들이고 그에 반응해야 하는데, 우리는 그 일을 하지 못할 수 있다. 십자가의 요한은 방향이 회복되는 기쁨을 누리지 못하는 이유를 이렇게 설명했다. "그 이유는 하나님이 소수의 사람들만을 거기까지 높여 주려 하시기 때문이 아니다. 오히려 그분은 모든 사람이 온전함에 이르기를 원하시지만, 그처럼 고결하고 숭고한 작업을 견뎌 낼 만한 그릇이 별로 없을 뿐이다."[31]

> "시련을 통해 우리는 이 땅에 대한 미련을 버리고 이 세상보다 더 높은 곳을 보게 된다. 이 땅에는 우리를 채워 줄 수 있는 것이 없다."
> _리지외의 테레사

마침내 그분처럼 된다

영적으로 방향이 정해졌다 어긋나고 회복되는 이 복잡하고도 즐거운 여정은 이제 이 땅에서 거의 종착점까지 왔다. 어린양 예수님을 따르는 사람들은 생명이 떠난 몸에서 빠져나와 낙원에 들어가 그분을 만날 그날을 고대한다. 시편 기자는 그 중간기의 천국에 갈 귀한 희망을 내다보며, "주의 교훈으로 나를 인도하시고 후에는 영광으로 나를 영접하시리니"(시 73:24)라고 말했다. 모든 어둠과 고통과 눈물은 뒤에 남겨질 것이다. 마침내 죽음의 분수령을 넘어간 우리는 그리스도의 얼굴과 그분의 참모습을 보게 되고 자신이 집에 왔음을 알게 된다. 바울은 그것을 이렇게 표현했다. "우리가 지금은 거울로 보는 것같이 희미하나 그 때에는 얼굴과 얼굴을 대하여 볼 것이요, 지금은 내가 부분적으로 아나 그 때에는 주께서 나를 아신 것같이 내가 온전히 알리라"(고전 13:12). 말로 표현할 수 없는 하나님의 참모습을 우리는 난생처음 눈으로 보게 된다.

세상이 끝나고 그리스도께서 이 땅에 다시 오시면, 그동안 죽었던 사람들과 아직 살아 있는 신자들은 공중으로 들려 올라가 자신의 죽지 않은 영혼과 다시 결합하여 그리스도의 영광스러운 몸으로 변모한다(고전 15:35-49). 구원받은 사람들이 마침내 죄의 참상에서 해방되어 하나님 아들의 형상으로 변화되는 것이다. 이렇게 몸이 변화되어 영혼과 다시 결합하면 새 예루살렘에서 우리의 궁극적 숙명이 실현된다. 그리스도를 위해 고난을 받은 모든 사람은 그분과 함께 영광도 누리게 된다.

휘겔은 "그리스도인에게는 고난과 기쁨이 늘 공존한다. 겟세마네는 처참하지만 겟세마네로 끝나지 않고 그 뒤에 부활이 있

> "많은 변화를 거쳐 온전해진 우리 영혼은 이제 날개를 받아 하늘로 날아오른다. 이는 우리가 이 땅에서 자기를 부인하는 씨앗을 뿌려 그 알곡이 영원히 다른 사람들 안에 살게 한 결과다."
> _장 피에르 드 코사드

다"고 말했다. 죽음 뒤에 부활이 있기에 "기독교는 완벽한 **균형**을 이루고 있다."[32]

천국에 가면 삼위일체 하나님의 영광이 온전히 드러날 것이고, 우리는 끊임없는 교제와 사랑과 찬양 속에서 성부 성자 성령과 함께 영원을 누릴 것이다. 사랑하는 지인들 중에 예수님을 믿고 먼저 간 사람들을 기쁨으로 다시 만나는 것은 물론이고, 아브라함, 모세, 이사야, 예수님의 제자들과 사도들 같은 유명한 옛 성도들과도 교제를 즐길 것이다. 우리 부족한 신자들이 아우구스티누스, 루터, 웨슬리, 마더 테레사 등 그동안 그리스도를 위해 용감히 살다 간 무수한 인물을 포옹하게 될 것이다. 그리고 그들의 사랑, 희생, 인내, 경우에 따라 순교에 대해 직접 듣게 될 것이다. 하나님의 백성은 모두 영원히 보람되게 섬기며 기쁨을 누릴 것이다.

개인 및 그룹의 묵상과 토론을 위한 질문

1. 당신이 어둠에서 빛으로, 영혼의 겨울에서 따뜻한 여름으로 이미 넘어왔다면 당신에게 그것은 어떤 경험이었는가? 당신이 혹 아직 불안정하거나 어두운 시절을 지나는 중이라면 이번 장이 당신의 마음에 어떻게 힘이 되었는가?

2. 성경은 그리스도와의 깊은 도덕적·영적 연합이 그분 안에서 우리가 받은 유산이라고 가르친다. 그 연합을 기도하는 마음으로 묵상해 보라. 주님과의 연합과 교제를 더 깊어지게 하기 위해 당신이 취할 수 있는 구체적인 조치들은 무엇인가?

3. 은혜로 변화되어 그리스도를 닮아 갈수록 우리는 눈부시게 거룩하신 하나님 앞에서 자신의 부정함을 더 인식하게 된다(사 6:1-5을 보라). 이 역설을 깊이 묵상해 보라.

맺음말

행위가 온전하여 여호와의 율법을 따라 행하는 자들은 복이 있음이여.
여호와의 증거들을 지키고 전심으로 여호와를 구하는 자는 복이 있도다.

시편 119:1-2

이번 장에서는 지금까지 공부하고 살펴본 영적 여정의 틀을 간략히 요약하고자 한다.

목표는 정해져 있다

하나님은 모든 사람을 지으실 때 그분을 알고 싶고 그분의 소유가 되고 싶은 갈망을 주셨다(아무리 그 갈망이 억압되어 있더라도 말이다). 인간의 이 깊은 갈망은 어떤 피조물로도 채워지지 않고, 우리가 믿음으로 삼위일체 하나님의 은혜와 사랑 속에 빨려 들어갈 때에만 채워진다. 그제야 비로소 쉼을 모르던 우리의 심령은 만족을 얻는다. 그제야 비로소 우리는 하나님을 사랑하고 영화롭게 하고 섬길 수 있으며, 그것이 바로 우리가 지음받고 구원받은 목적이다.

앞에서 나는 그리스도인의 삶을 이 세상이라는 광야를 지나 영원한 천국의 집으로 가는 도전적인 여정으로 제시했다. 이 여정의 목표는 하나님의 은혜로 우리가 "그리스도 안에서 완전한 자"(골 1:28)로 세워지는 것이다. 앞서 말했듯이 여기 **완전하다**는 말은 마음이 온전하거나 성숙하다는 뜻이다.[1] 우리 신자들의 목표는 하나님이 본래 의도하신 충만한 삶을 사는 것이다. 바울의 표현대로, 하나님의 목적은 "우리가 다 하나님의 아들을 믿는 것과 아는 일에 하나가 되어 온전한 사람을 이루어 그리스도의 장성한 분량이 충만한 데까지 이르"(엡 4:13)는 것이다. 이는 곧 예수님이 팔복에서 "하늘에 계신 너희 아버지의 온전하심과 같이 너희도 온전하라"(마 5:48)고 하신 그 명령의 실현이 아니고 무엇이겠는가. 우리가 하나님이 본래 의도하신 대로 온전해지거나 성숙해진다는 것은 곧 그분의 아들 예수님을 점점 닮아 감을 뜻한다(요일 3:2).

예수님이 곧 우리의 노정이다

아우구스티누스가 지적한 대로 우리 여정의 노정은 예수 그리스도이시다. "하나님이신 그리스도는 우리가 향하여 가는 본향이고 인간이신 그리스도는 우리가 걸어야 할 길이다."[2] 그렇다면 무엇보다 우리는 길을 닦은 개척자이신 그분께 시선을 고정해야 한다. 안개와 구름이 길을 덮으면 하나님이 우리의 삶 속에 하시려는 일이 잘 보이지 않을 때도 있다. 그러므로 우리는 삶이 무의미해 보일 때에도 그분을 단단히 신뢰해야 한다. 성숙이란 당장 얻을 수 있는 것이 아니며, 가야 할 여정은 굽이굽이 멀기만 하다. 우리가 여정의 진도를 속행할 수는 있어도 하나님의 시간표를 앞지를 수는 없다.

> "하나님, 앞길이 보이지 않습니다. 그러니 늘 주님을 신뢰하겠습니다."
> _토머스 머튼

앞에서 거듭 보았듯이, 삶의 여러 계절을 지나다 보면 축복도 만나고 고난도 만난다. 하늘 아버지의 집으로 가는 길에는 은총과 자비가 넘치지만, 그 길은 또한 좁고 때로 힘들다. 존 버니언의 책에 나오는 순례자처럼 제자들은 천성을 향해 가는 길에 많은 짐을 지고 많은 불확실한 상황에 부딪친다.

하나님이 지혜와 사랑으로 우리에게 내리막을 경험하게 하심은 우리를 치유의 오르막에 올려놓으려 하심이다. 그분이 우리를 무력하게 두심은 그리스도 안에서 우리에게 능력을 주려 하심이다. 또 그분이 사랑의 불로 우리를 정화하여 우리의 낮은 자아를 비우심은 그분의 높은 자아로 우리를 채우려 하심이다. 결국 우리의 믿음의 상징물은 편안한 소파가 아니라 험한 십자가다. 순례자의 여정에는 종잡을 수 없는 양극단의 경험들이 많이 있어서 그것이 우리를 어지럽고 괴롭게 한다. 지난날의 어느 청교도 목사가 쓴 이 기도를 깊이 생각해 보라.

> 내려가는 길이 곧 올라가는 길이고
> 낮아짐이 곧 높아짐이고
> 깨어진 마음이 곧 치유된 마음이고
> 통회하는 심령이 곧 기뻐하는 심령이고
> 회개하는 영혼이 곧 승리하는 영혼이고
> 무소유가 곧 다 가진 것이고
> 십자가를 지는 것이 곧 면류관을 쓰는 것이고
> 주는 것이 곧 받는 것이고
> 골짜기가 곧 비전의 자리라는
> 이 역설에서 교훈을 얻게 하소서.[3]

고난은 피할 수 없다

여정 중에 제자들은 고통과 방향이 어긋나는 시절은 물론 어쩌면 어둔 밤까지도 만나게 된다. 성경과 기독교의 영성 저작들이 일치되게 증언하듯이, 예수님의 제자들은 굴곡진 시련과 뜨거운 화염 속을 통과해야 한다. 다윗은 자신이 겪은 고통을 생각하며 "고난당하기 전에는 내가 그릇 행하였더니"(시 119:67)라고 고백했다. 시편에서 가장 사랑받는 시는 우리가 "사망의 음침한 골짜기로 다닐" 때에만 진정으로 "주께서 나와 함께하심이라"고 고백할 수 있다고 가르친다(시 23:4).

예수님은 자신을 따르는 사람들에게 "세상에서는 너희가 환난을 당"(요 16:33)한다고 단도직입적으로 말씀하셨다. 다른 사람들과 마찬가지로 그리스도인들도 배신, 마음의 고민, 몸의 중병 등과 싸운다. 신자들도 "수고와 슬픔, 유혹과 시련, 불안, 연약함, 결핍, 부상, 중상모략, 비난, 수모, 혼란, 징계와 멸시"⁴⁾를 경험한다. 아울러 그리스도인들은 여정 중에 사탄의 공격과 믿지 않는 세상의 박해를 당한다. 결코 고생을 사서 하는 것은 아니지만, 우리는 이생에 고통이나 비극이 불가피함을 받아들이는 현실주의자들이다. 선한 사람들에게 악한 일이 벌어질 때마다 우리도 막심한 피해를 입는다. 그러나 우리의 고통과 어둔 밤은 하나님의 섭리이자 또한 구속적인 것이다. 그것이 우리의 삶을 정화해 주고, 우리를 하나님과 더 가까워지게 해

> "하나님이 당신을 특별한 은혜의 대상으로 지목하신다면 그분은 당신을 높이시되 당연히 다른 사람들보다 더 엄격한 훈련과 큰 고난으로 그렇게 하실 것이다."
> _ A. W. 토저

주며, 그분의 온전한 뜻에 우리를 맞추어 주기 때문이다. 지혜로우신 하나님은 단련할 만한 금이 보이면 용광로를 더 뜨겁게 달구신다.

하나님은 우리를 자신과의 더 친밀한 관계 속으로 끌어들이기 원하신다. 우리가 길을 가다가 만나는 어려움과 고통은 그리스도 안에서 우리 영혼의 정체를 드러내고 다시 빚어 준다. 영국의 유명한 설교자 찰스 스펄전(Charles H. Spurgeon)은 자못 엄격하게 이렇게 증언했다. "내 모든 것은 용광로와 쇠망치 덕분이다. 위대한 교사이신 하나님께 회초리를 맞을 때가 아니고는 나는 천국의 일에 진척을 보인 적이 없다. 우리 집에 있는 최고의 세간은 십자가다."⁵⁾

네덜란드의 신학자 아브라함 카이퍼(Abraham Kuyper)는 "형통과 쾌락은 **절대로 사람을 하나님과 가까워지게 해주지 않는다**"⁶⁾고 역설했다. 실제로 하나님은 그 나라의 일에 크게 쓰시는 사람일수록 상처를 입게 하실 때

가 많다. 우리가 여정 중에 만나는 불안정한 시절은 우리 자신이 그리스도 안에서 변화되는 데도 필요하고, 우리가 지혜를 얻어 다른 사람들을 본향의 여정으로 인도하는 데도 필요하다. 그러므로 우리에게 가장 절실히 필요한 자세는 고통과 고난을 피하는 것이 아니라 그 과정 속에 들어가 살면서 참을성 있게 고생을 겪고 그것을 통해 변화되는 것이다.

시련 중에 넘어져 실패했던 베드로는 "사랑하는 자들아, 너희를 연단하려고 오는 불 시험을 이상한 일 당하는 것 같이 이상히 여기지 말고 오히려 너희가 그리스도의 고난에 참여하는 것으로 즐거워하라. 이는 그의 영광을 나타내실 때에 너희로 즐거워하고 기뻐하게 하려 함이라"(벧전 4:12-13)고 썼다. 감사하게도 성령께서는 우리를 연단하시고 가지를 쳐내실 뿐만

> "당신을 괴롭히는 것이 무엇인가? 가난이나 조롱인가? 혹은 실패나 안팎의 십자가인가? 이 모든 것을 하나님이 그분의 친구들에게 주시는 진정한 은총으로 보라. 그분이 당신을 거기에 동참시켜 주시는 것이다."
> _프랑소아 페넬롱

아니라 넘치는 기쁨과 희망도 함께 주신다. 우리의 죄목들이 적힌 책은 이미 십자가에 못 박혔으며, 이제 예수님이 우리의 형제이시고 우주의 주인께서 우리의 아버지이시다. 세상의 어떤 피조물도 우리를 하나님의 사랑에서 끊을 수 없으며, 우리는 은혜 위에 은혜를 복으로 받은 존재들이다. 비록 하나님이 우리를 대하시는 방식이 신비로울 수 있어도 그분은 결코 박정하거나 불의하지 않으시며 매사를 사랑으로 행하신다.

어떤 신자들—특히 신앙이 어린 사람들—은 방향이 어긋나는 시절의 목적을 조금 이해하게 되면 이렇게 묻는다. "그런 불안정하고 고통스러운 경험을 내가 꼭 통과해야만 하는가?" 물론 인간은 누구나 신체적·정서적·영적 고난을 피하려 한다. 하지만 이 책에서 이미 보았듯이 위 질문에 대

한 답은 "그렇다"일 수밖에 없다. 학교에서 가르칠 때 나는 학생들 특히 젊은 학생들에게 여정이 험할 테니 안전벨트를 꼭 매라고 당부하곤 한다.

마더 테레사에게는 콜카타의 빈민들과 죽어 가는 사람들을 섬긴 50년 동안 "하나님이 부재하신 것 같고, 천국이 텅 빈 듯하고, 무엇보다 비참하게도 자신의 고난이 무의미해 보이는, 그런 의심과 외로움과 버림받은 심정"[7]이 사실상 끊이지 않았다. 마더 테레사의 풍성한 열매가 다분히 그런 고난의 삶에서 비롯되었음을 뉘라서 의심하겠는가.

틀은 반복된다

영적 여정을 제시하는 패러다임이 많이 있지만, "하나님의 모든 자녀는 방향이 정해졌다 어긋나고 회복되는 그 흐름을 따라 이동 중"[8]이라고 한 월터 브루그만의 말에 지혜가 들어 있다. 이러한 큰 세 단계를 지나가는 여정에는 보상과 도전이 함께 따라온다. 우리는 고통을 회피하는 인간이다 보니 편안한 균형을 추구하고 안일한 현 상태에 안주하려는 성향이 있다. 하지만 많은 영적 스승들이 가르친 것처럼, 성장하지 않는 사람은 오그라들고 진보하지 않는 사람은 퇴보한다. 등산가가 가파른 정상을 향해 부단히 발을 내딛듯이 우리도 자신을 짓누르는 세력들을 이겨 내고 늘 건강한 영적 습관들을 실천하면서 단호한 의지로 목표를 향해 나아가야 한다.

하나님이 부르신 성숙에 이르려면 용기와 끈기를 가지고 신중한 모험에 나서 미답의 영토로 들어가야 한다. 무엇보다 우리는 예수님이 지신 십자가를 지고 그분과 함께 거부와 고난을 당하는 구속의 길을 걸어야 한다. 타락한 세상을 사는 동안 내 앞에 닥쳐오는 모든 일을 하나님을 신뢰하는 가운데 견뎌 내야 하는 것이다. 무적의 그리스도를 따르는 우리가 패배를

자인한다는 것은 있을 수 없는 일이다. 우리가 당하는 시련들은 결국은 축복으로 변한다. 신비로운 섭리 가운데, 불안하게 자기를 믿던 우리의 마음이 견고하게 하나님을 신뢰하는 마음으로 바뀌고, 생명을 주시는 성령께서 죽음에 매여 사는 우리의 육신을 이기시기 때문이다.

이 여정의 성격이 유동적이고 역동적이고 순환적이다 보니 이전에 지났던 힘들고 어두운 시절들을 필연적으로 다시 지나야만 진전이 이루어진다. 앞서 했던 말을 다시 반복하거니와, 우리 신자들은 결국 여정의 큰 세 단계를 성공적으로 통과하는 동시에 그 계절들을 평생에 걸쳐 되풀이한다. 이처럼 학습 과정이 때로 반복된다는 사실을 요셉의 이력에서 분명히 볼 수 있다. 요셉은 형들이 그를 죽이려 했을 때 삶의 방향이 크게 어긋났지만, 나중에 보디발의 집에서 높은 자리에 오른다. 하지만 다시, 그는 주인의 아내를 성적으로 유혹했다는 누명을 쓰고 몇 년을 감옥에서 지내야 했다.

요나의 여정도 방향이 어긋나는 괴로운 경험이 반복됨을 보여 준다. 요나는 큰 물고기의 뱃속에서 광야를 통과했으나, 나중에 자신이 싫어하던 니느웨 사람들이 회개하고 하나님의 은혜를 받아들이자 다시 지독한 괴로움에 빠졌다. 노련한 사도 바울도 여정 중에 괴로운 일에 거듭 부딪혔는데, 자신의 뿌리 깊은 죄 때문에 심히 고민하던 때가 그런 예다(롬 7:14-25). 이런 의미에서, "수시로 처음으로 다시 돌아가지 않아도 될 만큼 높은 경지에 도달한 사람은 없다"[9]던 아빌라의 테레사의 말이 이해가 된다. 그러나 이런 과정을 한 번 통과했으면, 거기서 우리는 앞으로 닥쳐올 고통의 시절들에 도움이 될 값진 지혜를 얻어야 한다.

진보는 지속적인 과정이다

비록 여정의 이전 단계들을 다시 지날지라도 다행히 우리는 하나님의 은혜로 목표를 향해 진보를 이룬다. 하지만 대수술을 받은 후에 대개 회복이 천천히 이루어지듯이 영적 진보도 대개 점진적이다. 그러므로 우리는 진도를 나가는 속도가 느리다고 해서 낙심해서는 안 된다. 여정 중에 예기치 않게 찾아오는 모든 변화 속에서 하나님이 함께하시며 우리를 인도하고 채워 주고 붙들어 주신다. 우리는 결코 혼자 걷는 게 아니며 예수님 자신과 동료 신자들이 옆에서 함께 걷는다. "구름같이 둘러싼 허다한 증인들"(히 12:1), 즉 이미 우리를 앞서 가며 이정표를 세워 둔 사람들이 우리에게 힘이 된다.

> "어둠은 당장 밀려나지 않고 빛은 매순간 조금씩 온다. 영혼을 정화하는 일은 평생에 걸친 노력이다."
> _프란시스 드 살레

여정을 계속하면서 우리는 이생에서는 목표점에 도달할 수 없음을 깨닫는다. 이 땅에서는 우리가 희생하고 분투해도 도덕적·영적 완성을 이룰 수 없다. 아드리안 반 캄(Adrian van Kaam)의 말마따나 "우리는 예수님의 희생적인 삶을 닮아 가는 과정에 있을 뿐이다. 우리는 늘 도달하는 중일 뿐 결코 완전히 도달하지는 못한다."[10]

그럴지라도 영적 성숙과 경건함은 실현 불가능한 것이 아니기에 신앙이 어린 제자들은 그 사실에서 힘을 얻을 수 있다. 리지외의 테레사가 걸어간 길을 생각해 보라. 그녀는 24년의 짧은 생애 동안 육적·영적으로 고생했지만 자신의 청춘을 구주 예수님께 드림으로 그분과 깊이 친밀해졌다. 비록 이생에서는 완전함에 이를 수 없지만, 그래도 우리는 유일한 "길이요 진리요 생명"(요 14:6)이신 예수 그리스도를 닮아 간다는 그 목표를 향해 힘껏 달려간다.

마침내 종착점에 도달하는 기쁨

대중 심리학이 지배하는 우리의 문화는 목표보다 과정을 강조한다. 하지만 성경적 신앙은 여정의 과정(그리고 변화를 위해 그것을 수용해야 할 필요성)은 물론 그 영광스러운 목표 또는 종착점도 똑같이 중요하게 강조한다. 예수 그리스도는 본향으로 가는 우리의 노정이시자 천국에 있는 우리의 종착점이시다. 아울러 하나님은 우리가 여정 중에 어떤 도전에 부딪히든 결국은 길 끝에서 반드시 예수님을 만날 것을 이미 보장해 주셨다. 예수님을 사랑하는 우리는 자신이 마침내 도달할 곳을 알기에 힘을 얻어 인생의 도전적인 시절들을 무사히 통과할 수 있다. 물론 우리는 이 땅에서도 내면과 생활에 복된 변화를 어느 정도 경험하지만, 장차 하나님과 천사들과 구원받은 허다한 무리 앞에서 영원무궁토록 근본적으로 새로워질 것이다.

> "하나님은 성도들의 전부요 경이로운 존재가 되시고, 우리는 그분의 새로운 피조물로서 온전히 순결해질 것이다."
> _마르틴 루터

우리보다 앞서 여정을 가시고 정해진 목적지에 도착하신 구주께서 우리에게 말로 다 할 수 없는 내세의 복을 약속하신다. 천국의 보좌를 둘러선 신실한 장로들은 하나님의 백성이 영원히 누릴 승리를 이런 감동적인 말로 예고한다.

그러므로 그들이 하나님의 보좌 앞에 있고
    또 그의 성전에서 밤낮 하나님을 섬기매,
보좌에 앉으신 이가
    그들 위에 장막을 치시리니,
그들이 다시는 주리지도 아니하며

> 목마르지도 아니하고,
> 해나 아무 뜨거운 기운에
> 상하지도 아니하리니,
> 이는 보좌 가운데에 계신 어린양이
> 그들의 목자가 되사
> 생명수 샘으로 인도하시고
> 하나님께서 그들의 눈에서 모든 눈물을 씻어 주실 것임이라. (계 7:15-17)

천국을 향해 이 여정을 가는 동안 우리는 히브리서 저자의 다음과 같은 충고를 명심해야 한다. "모든 무거운 것과 얽매이기 쉬운 죄를 벗어 버리고 인내로써 우리 앞에 당한 경주를 하며 믿음의 주요 또 온전하게 하시는 이인 예수를 바라보자"(히 12:1-2). 우리가 가는 이 여정의 종착점은 인간의 모든 이해를 초월한다. 우리는 하나님을 대면하여 볼 것이고, 예수님처럼 될 것이고, 측량할 수 없는 자비와 사랑과 은혜를 누리며 성부 성자 성령과 영원히 함께 있을 것이다! 하늘 아버지께서 준비하신 천국의 집에는 슬픔도 없고, 고통도 없고, 난해한 문제도 없고, 악과 싸울 일도 없고, 밤도 없을 것이다. 여정의 목적지에 도달하면 우리는 만물이 그리스도 안에서 영광스럽게 또한 영원히 새롭게 되었음을 알게 될 것이다(롬 8:20-21).

개인 및 그룹의 묵상과 토론을 위한 질문

1. 당신의 영적 여정을 반추해 볼 때, 지금까지 지나온 계절들이 보이는가? 각 계절을 자신의 말로 표현해 보라. 현재 당신의 영혼은 세 가지 큰 계절 중 어디를 지나는 중인가?

2. 그리스도 안에서 더 깊은 성숙과 만족에 이르지 못하도록 현재 당신의 진보를 더디게 만든다고 생각되는 물리적·정서적·영적 세력들은 무엇인가? 최대한 구체적으로 찾아보라.

3. 천국에서 우리를 기다리는 영광을 묘사한 성경 말씀들과 기독교 저작들을 떠올려 보라. 내생의 영광을 관상하면 그것이 어떻게 당신의 마음에 힘이 되고 지금 여기서 하나님 나라에 계속 헌신하게 해주는가?

4. 영적 여정의 계절들을 공부하는 일은 당신이 도전적인 인생길을 가고 있는 다른 사람들에게 더 효과적으로 영적 지도를 베푸는 데 어떻게 도움이 되겠는가?

부록

영적 여정에 대한
고전과 현대의 여러 패러다임

예로부터 그리스도인 사상가들은 영적 여정을 나타내는 패러다임 또는 모형을 여러 가지로 제시했다. 평소에 나는 영적 여정을 더 자세히 알기 원하는 독자들에게 그런 패러다임들을 공부할 것을 권하는데, 이 부록은 바로 그중 일부를 개괄한 것이다. 유수한 영적 권위자들이 이 여정을 기술하는 방식들을 보면 마치 다면체로 빛나는 다이아몬드와 같다. 여정의 각 패러다임은 대개 다이아몬드의 한 면(예컨대 사랑, 기도 등)에 집중하기 때문에, 그리스도 안에서 자라 가는 삶의 그 풍성함과 복잡성을 부분적으로밖에 보여 주지 못한다. 따라서 여러 패러다임의 풍성함과 다양성을 고찰해 보면 성숙으로 나아가는 영혼의 여정을 더 온전히 이해할 수 있다.

세 단계의 길

교부들과 중세의 권위자들은 영적 여정이 정화에서 조명을 거쳐 하나님과의 일치로 나아간다는 "세 단계의 길"[1]을 패러다임으로 제시했다. 첫째로, 정화의 길에서는 영혼이 그리스도께 회심하여 죄를 씻음받고, 기도라든가 재물에 대한 애착심을 버리는 등의 영적 훈련들을 시행하여 자아를 부인한다. 다음 단계로 넘어가기 전에 대개 감각의 어둔 밤이 찾아온다.

둘째로, 조명의 길에서는 영혼이 성령의 빛과 은혜에 순복하고, 하나님과 사람들을 더 깊이 사랑하며, 겸손과 절제와 인내와 관용 같은 덕을 기른다. 평소의 장황하고 논리적인 기도는 여기서 침묵 기도나 관상 기도로 바뀐다. 다음 단계로 넘어가기 전에 대개 심령의 어둔 밤이 찾아온다.

셋째로, 하나님과 연합하는 일치의 길은 이생에서 도달할 수 있는 가장 높은 수준의 통합과 영적 성숙이라 할 수 있다. 예수님이 요한복음 14:20에 예고하신 "너희가 내 안에, 내가 너희 안에 있는" 연합이 여기서 점차 실현

된다. 관상과 순결한 삶과 사랑은 모두 영적 연합을 이루는 데 도움이 된다. 하지만 완전한 연합은 천국에서만 가능하기에 이 셋째 단계에서도 신자들은 여전히 죄를 짓는다. 아울러 이 세 가지 각각의 길 또는 단계에는 나머지 두 가지 길의 특성이 어느 정도 섞여 있다. 이를테면, 조명의 단계에 있는 사람도 여전히 자아를 부인하고 영적 훈련들을 시행한다. 이렇게 영적 여정을 "세 단계의 길"로 보는 패러다임은 천주교와 동방정교회에서 오늘날까지도 중요한 역할을 하고 있다.

위 마카리우스(4세기)

오늘날 많은 개신교인들이 가치를 인정하는 이 시리아의 신학자는 영적 여정을 3단계의 패러다임으로 개괄했다. 첫째로, 아담이 반역한 결과로 모든 인간의 마음은 악에 물들었고 죄의 노예가 되었다.[2] 죄보다 우세한 하나님의 은혜만이 우리를 죄에서 구할 수 있다. 둘째 단계는 우리 안에서 죄와 성령이 영적으로 치열하게 싸우는 단계다. "일부 사람들 안에서 은혜가 활동한다. 하지만 내면에는 또한 악이 숨어 있어, 빛의 원리와 어둠의 원리라는 두 가지 존재 방식이 심령의 지배권을 놓고 서로 다툰다."[3] 끝으로, 우리를 하나님과 분리시키는 죄를 마침내 성령께서 몰아내신다. 회개하는 사람은 그리스도와 연합되고 성령과 "융합"(mingle)된다. 그리하여 타락을 거꾸로 돌려 하나님의 형상을 회복한다.[4] 하지만 마카리우스는 변화된 삶에도 영적 전투가 평생 지속된다고 말했다. "사탄은 결코 수그러들지 않는다. 육신을 입고 이 세상에 사는 한 인간은 전투를 피할 수 없다."[5] 마카리우스가 제시한 여정은 "심령이 악에 사로잡힌 상태에서 심령에 죄와 은혜가 공존하는 상태를 거쳐 결국 심령이 하나님께만 속한 상태로"[6] 진보해 나간다.

클레르보의 베르나르 (1090-1153)

시토 수도회의 원장이자 설교자이며 영적 스승인 프랑스의 베르나르는 "참 기쁨 되신 예수", "구주를 생각만 해도"(찬송가 85장), "오 거룩하신 주님"(찬송가 145장) 등 많은 찬송을 작사했다. 장 칼뱅은 종교개혁이 있기 400년 전부터 개혁가로 칭송받은 그를 크게 의지했다. 베르나르는 "하나님을 사랑함에 대하여"라는 글에 네 단계로 발전해 나가는 사랑을 여정의 패러다임으로 제시했다. 첫째로, "나 자신을 위해 나를 사랑하는" 단계는 하나님의 독특한 형상인 나 자신을 사랑하는 것이다(마 22:39). 자신을 제대로 사랑하지 못하는 사람은 사람들에게 내줄 만한 것이 별로 없다. 베르나르는 이 기초 단계를 "미성숙한 사랑"이라 불렀다.

둘째로, "나를 위해 하나님을 사랑하는" 단계는 하나님을 사랑하되 그분이 내 삶에 주시는 복과 유익 때문에 사랑하는 것이다. 우리가 하나님께 끌리는 이유는 그분이 기도에 응답하시고 문제에서 건져 주시고 필요를 채워 주시기 때문이다. 베르나르는 이것을 "타산적인 사랑"이라 불렀다.

셋째로, "하나님을 위해 하나님을 사랑하는" 단계에서는 영혼이 하나님의 위로를 넘어서서 위로의 하나님께로 나아간다. 이제 영혼이 구하는 것은 보상이 아니라 하나님 자신이다. 베르나르는 이것을 "이타적인 사랑"이라 불렀다.

"하나님을 위해 나를 사랑하는" 마지막 단계는 나 자신까지 포함하여 모든 것을 하나님 안에서, 하나님을 위해 사랑하는 것이다. 베르나르는 이것을 "완전한 사랑"이라 불렀다. 이것은 장차 우리가 천국에서 영원히 누리게 될 사랑을 미리 맛보게 해주는 사랑이다.

얀 판 뤼스브룩(1293-1381)

플랑드르의 영성 작가인 뤼스브룩은 「영성 지도」(The Spiritual Espousals)와 「빛나는 돌」(The Sparkling Stone)에 여정의 지형을 네 단계로 표시했다. 첫째로, 마르다는 외적 행위를 지향하는 "활동적 삶"의 전형이다. 이는 여정 중인 사람이 하나님의 명령에 주의하고 교회의 훈련에 따르며 덕을 익히는 단계다. 둘째로, 마르다의 동생 마리아는 사랑과 의지로 마음속에 하나님을 추구하는 "내면의 삶" 또는 "갈망하는 삶"의 전형이다. 셋째로, "관상의 삶"에서는 여정 중인 사람이 은혜로 그리스도와의 깊은 연합과 교감에 도달하여 풍성한 영광을 누리게 된다. 끝으로, "선교적 삶"은 그리스도인이 외면의 여정에 올라 하나님과 사람들을 섬길 때 이루어진다. 하나님은 일하시는 분이자 안식하시는 분이므로, "이 단계에 있는 사람이 하나의 동일한 경험에 안식과 활동을 둘 다 지니지 못한다면 그는 아직 이 수준의 의(義)에 이르지 못한 것이다."[7]

이전의 권위자들과 마찬가지로 이 플랑드르의 신비주의자도 각 단계마다 이전 단계들의 중요한 특성들을 흡수하면서 계속 겹쳐져 나간다고 보았다. 이를테면, 외면의 여정에서 사랑으로 섬기는 사람들도 꼭 필요한 내면의 삶이나 관상의 삶을 계속 실천해 나간다. 판 뤼스브룩은 처음 세 단계를 지나는 중인 사람들을 각각 외면적 삶을 살아가는 "충성된 종", 내면 생활을 추구하는 "내밀한 친구", 관상의 삶을 통해 하나님을 "보는" "숨은 자녀"라 지칭했다. 여정에 진척이 있으려면 "하나님의 은혜는 물론 그에 대한 우리의 반응이 절대적으로 필요하다."[8]

아빌라의 테레사(1515-1582)

스페인의 신비가인 테레사는 고전 「내면의 성(城)」(The Interior Castle, 요단)에서 영적 여정을 일곱 단계로 깊어져 가는 기도의 삶으로 보고, 그것을 일곱 개의 방이 있는 중세의 성에 비유했다. 여정의 종착점은 그리스도께서 홀로 내주하시는 성의 가장 내밀한 방, 즉 영혼의 가장 깊은 곳에 거하는 것이다. 테레사의 패러다임은 교회를 그리스도의 신부로 보는 성경의 이미지와 고전적인 세 단계의 길에 기초한 것이다. 우선 우리는 회심이라는 문을 통해 성 안에 들어가 영적 여정에 오른다. 첫 번째 방부터 세 번째 방까지는 영혼이 죄를 멀리하고 영적 훈련들을 시행하고 예수님을 닮아 감으로써 영적 단맛을 경험하는 곳이다. 대개 영혼은 아직 믿음이 약하고 기도도 미지근하며 여전히 세상의 유혹에 끌린다. 하나님은 영혼을 덧없는 애착의 대상들에서 떼어 내 그분께로 더 깊이 이끄시고자 영혼의 고갈을 허락하신다. 그리스도인은 여러 해 동안 이 상태에 머물 수 있다.

네 번째 방과 다섯 번째 방에서는 여정 중인 사람이 기도와 고요한 묵상을 통해 하나님과 더 친밀하게 사귄다. 영혼의 사랑과 순복이 깊어지면서 앞으로 그리스도와 깊은 교감을 나눌 기초가 다져진다. 테레사는 이때 벌어지는 변화를 애벌레가 고치를 짓고 거기서 죽어 예쁜 흰나비로 나오는 것에 비유했다.

여섯 번째 방과 일곱 번째 방에서 영혼은 천국의 신랑과 연합한다. 테레사는 이 연합을 두 개의 촛불이 만나 하나의 불꽃이 되는 것과 두 줄기 햇빛이 창문을 투과하면서 하나의 빛이 되는 것에 견주었다. 이 단계에는 대개 불신자들의 조롱, 몸의 고통, 사탄의 공격 등 상당한 고난이 수반되는데, 오히려 이를 통해 그리스도를 향한 사랑이 깊어지고 영혼이 더욱 정화된다. 천국의 신랑과 영적으로 결혼한 영혼은 거룩한 삼위일체의 삶 속으로 끌려 들어간다. 여기서 영혼은 천국을 미리 맛보며, 그리스도와의 연합을 생활 속에 옮겨 사람들에게 자비를 베푼다.

십자가의 요한(1542-1592)

스페인의 성인 요한은 하나님께로 가는 그리스도인의 여정을 「가르멜의 산 길」, 「어둔 밤」, 「영가」, 「사랑의 산 불꽃」이라는 네 편의 중요한 산문 저작으로 설명했다. 요한은 영적 여정을, 하나님이 옛 자아를 세상에 애착을 두었던 것들로부터 정화하시고 그리스도 안에서 깊은 연합의 사랑을 통해 새 자아를 다시 빚으시는 길고도 종종 고통스런 과정으로 보았다.

요한은 그리스도인의 영적 발달이 다섯 단계로 이루어진다고 설명했다. 첫째로, 회심한 후에 그리스도인은 "정화의 길" 또는 "초심자의 길"에 들어선다. 신앙이 어린 그리스도인은 이 시기에 하나님을 기쁘시게 하려고 육신을 죽이고, 말로 하는 기도와 산만한 묵상을 시행한다. 그는 여러 가지 영적 위안을 경험하지만, 하나님의 복 자체를 목적으로 삼는 경향이 있다. 바울은 미성숙한 그리스도인들을 젖이나 먹는 "그리스도 안에서 어린아이들"(고전 3:1-2)이라 표현했는데, 여정의 이 초기 단계에 있는 사람이 바로 그에 해당한다. 여정의 초기에는 영적 교만, 영적 탐욕, 시기심, 게으름은 물론 안일과 육욕과 분노에 빠지는 성향이 그리스도인을 강하게 지배한다.

둘째로, 여정 중인 사람은 이제 감각의 어둔 밤에 들어간다. 이는 영적 고갈이라는 긴 시련 속에서 영혼이 감각적 위안을 박탈당하고 정화되는 시간이다. 영혼은 회심 전에 세상에서 얻던 만족을 그리스도인의 삶 속으로 가지고 들어왔는데, 이제 하나님은 그런 하위의 애착 대상들로부터 영혼을 떼어 내신다. 감각의 어둔 밤을 통해 영혼은 더 높고 더 순수한 수준의 성숙과 사랑에 이른다. 셋째로, 감각의 어둔 밤이라는 훈련 후에는 통합의 시기가 오는데, 두 어둔 밤의 중간에 낀 이 시기를 "조명의 길" 또는 "숙련된 자의 길"이라 한다. 그리스도의 조명을 통해 영혼은 자신이 빈곤하다는 것과 세상의 유혹 거리들이 헛되다는 것을 깨닫는다. 이때 비로소 영혼은 침묵 기도를 통해 조금이나마 관상을 경험한다. 여정 중인 사람은 그리스도를 닮아 가려 하고 그분을 위해 희생하려 하지만 여전히 성과에 대한 무의식적 교만, 이기심, 질투심 등에 시달린다.

넷째로, 결함들을 더 정화하기 위해 하나님은 잘 받아들이는 영혼을 심령의 어둔 밤으로 데려가신다. 이 두 번째 밤에는 감각적 위안뿐 아니라 영적 위안까지 박탈당하고, 하나님에 대한 잘못된 이미지와 기억이 정화되며, 고질적인 죄들이 제거된다. 또한 의문에 빠져 세상과 육신과 악의 세력들을 상대로 싸우는 시절도 이 단계에 찾아오는데, 이 모두는 심한 고난을 불러일으킨다. 이전에 하나님을 대하던 방식들이 다 소용없어지기 때문에 영혼은 버림받은 기분이 된다. 이 단계의 위험은 여정 중인 사람이 영적 삶에 절망하여 믿음을 아예 버릴 수도 있다는 것이다. 그러나 관상 기도를 도야하면 그리스도와의 교감이 더욱 깊어지면서 영혼에 진보가 이루어진다.

다섯째로, 심령의 어둔 밤은 자원하는 영혼을 "일치의 길" 또는 "완성된 자의 길"로 데려간다. 여정 중인 사람이 순전한 관상을 통해 정점에 가까워지면, 어둠이 흩어지고 빛이 뚫고 들어오면서 사랑의 연합이 이루어진다. 이제 영혼은 그리스도와 함께 높여져 삼위일체 하나님과 통하게 되고, 그리하여 하나님의 불 같은 사랑을 경험하게 된다. 또한 그리스도인은 하나님의 임재를 지속적으로 느끼고, 시련 중에 깊은 평안을 누리며, 심령이 믿음과 소망과 사랑으로 변화되어 있다. 이 마지막 단계에서 영혼은 이미 "영적 결혼"의 상태에 들어와 있다. 이렇게 그리스도와 연합하는 정점이 성경에는 요한복음 17:20-23과 베드로후서 1:4 같은 본문에 나타나 있다. 이 마지막 단계는 천국의 복된 영광을 미리 맛보게 해준다. 그러나 요한은 여정이 어느 단계에서나 중단될 수 있다고 말한다. 이생에서 일치의 길에까지 도달하는 그리스도인은 상대적으로 얼마 안 된다는 것이다.[9] 요한에 따르면, "이 길에서 앞으로 내딛지 않는 것은 곧 뒤돌아서는 것이고, 전진하지 않는 것은 곧 후퇴하는 것이다."[10]

요한이 다섯 단계로 제시한 여정의 패러다임을 다음과 같이 그림으로 나타낼 수 있다.[11]

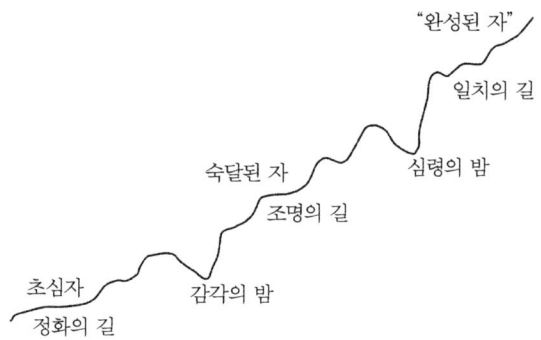

에벌린 언더힐(1875-1941)

성공회의 평신도 신학자이며 영성 작가인 언더힐은 영적 여정을 각성, 정화, 조명, 어둔 밤, 하나님과의 일치 등 다섯 단계의 패러다임으로 제시했다.[12] 각성은 영혼이 하나님을 향한 갈망에 처음 깨어나면서 벅찬 기쁨을 맛보는 단계다. 정화는 하나님과 멀어지게 하는 하위의 집착들이 벗겨져 나가면서 영혼이 낮아지는 고통스런 단계다. 그 다음인 조명의 단계에서는 영혼이 성령의 중재로 자신의 삶 속에서 하나님의 임재를 느끼게 된다. 이제 여정 중인 사람은 관상을 통해 하나님을 분명히 보고 즐거워하며, 때에 따라 환상과 황홀경을 체험하기도 한다. 다음은 영혼의 어둔 밤인데, 이는 영혼이 십자가에 못 박혀 하나님이 부재하신 듯한 느낌과 고통스럽게 시름하는 시절이다. 이 어둔 밤에 구속적으로 반응하는 그리스도인은 하나님의 뜻에 자신을 맡긴다. 신비의 길의 마지막 단계는 하나님과의 관계에서 그분과 깊은 일치를 이루는 것이다. 언더힐은 여정의 각 단계마다 사랑의 하나님이 임재하시며 자애롭게 영혼을 그분께로 불러 주신다고 말했다.

스캇 펙(1936-2005)

제임스 파울러의 저작에 영향을 받은 정신과 의사 스캇 펙(M. Scott Peck)은 영적 여정을 네 단계의 패러다임으로 정리했다.[13] 그는 첫 단계를 "혼돈과 반사회"라 표현했는데, 대다수 청소년과 성인 다섯 명 중 하나가 이 상태에 있다. 이 단계의 성인들("거짓의 사람들")은 고집이 세고 원칙이 없으며 정직하지 못하다. 이들은 다른 사람들을 사랑할 능력이 없기에 "조종을 일삼고 이기적이다."[14] 이 단계에 있는 사람들은 또한 고도로 단련되어 있기 때문에 다수가 영향력 있는 권력의 자리에 오른다. 그중 일부는 다음 단계인 "형식과 제도"의 단계로 넘어가 기독교로 회심하는데, 회심은 대개 갑작스럽게 극적으로 이루어진다. 펙은 교회에 다니는 많은 사람이 1단계의 혼돈을 피하려고 엄격한 규율과 명확한 공식을 선호한다고 보았다. 이 단계의 사람들은 율법주의적이고 근본주의적인 경향을 나타내며, 자신과 의견이

다른 사람들을 보면 위협을 느낀다. 2단계의 사람들은 하나님을 내재적이기보다 초월적인 존재, 사랑하기보다 징계하는 신으로 본다.

3단계인 "회의와 개인"의 단계는 심각한 의문이 밀려오는 시기로, 많은 사람이 여기서 이전 단계의 형식적이고 율법적인 종교를 버린다. 이 단계에 있는 사람은 대개 신앙에 대해 불가지론적이 되며, 교회를 떠나 세상일에 빠져들 수도 있다. 그러나 진리를 추구하는 사람은 점차 신앙이 회복된다. 거기서 4단계인 "신비와 공동체"의 단계로 넘어가는 사람들은 이미 하나님의 신비에 익숙해져 있다. 이들은 하나님의 깊은 신비를 탐색하며 아주 친밀한 차원에서 그분을 대한다. 이 마지막 단계의 사람들은 세상을 수많은 분파가 서로 싸우는 곳이 아니라 하나의 거대한 공동체 또는 "행성의 문화"로 본다.[15]

펙은 여정의 각 단계에 이전 단계들의 요소가 혼재되어 있다고 보았다. 그뿐 아니라 여정 중인 사람은, 바로 한 단계를 앞서 가는 인도자에게는 마음이 끌릴 수 있지만 두 단계나 그 이상을 앞서 가는 사람에게는 오히려 주눅이 들 수 있다. "사람들이 나보다 두 단계 앞서 있으면 우리는 흔히 그들을 악하게 여긴다. 소크라테스와 예수님은 그래서 죽임을 당했다. 세상이 그들을 악하게 여긴 것이다."[16] 펙은 여정에 진보가 이루어지는 것을 하나님이 은혜로 주도하시고 능력을 주시기 때문이라고 보았다.

재닛 해그버그와 로버트 굴리히

재닛 해그버그(Janet O. Hagberg)와 로버트 굴리히(Robert A. Guelich)는 「더 깊은 믿음으로의 여정」(The Critical Journey: Stages in the Life of Faith, 디모데)이라는 책에 영적 여정을 여섯 단계의 패러다임으로 제시했다.[17] 각 단계는 꼭 필요하고 점진적이며, 일직선이 아니라 나선형을 그리며 점점 위로 올라가는 형태를 띤다. 첫째로, 순례자의 여정은 영혼이 새로 태어나 하나님을 발견하는 회심의 삶으로 시작된다. 그 다음은 배움의 삶 또는 훈련의 삶으로, 제자들이 새로 찾은 신앙을 알아 가며 실천하는 단계다. 셋째 단계인 활동적 또는 생산적 삶에서는 하나님을 위해 열심히 일하는 데 집중하게 되는데, 흔히 자신이나 다른 사람들에게 자신의 가치를 입증하기 위한 것이다. 하지만 **하나님과의 관계**가 부실한 상태에서 **하나님을 위해** 일하다 보면 영혼은 종종 허탈감과 원망과 탈진에 빠지게 된다.

"생산성"이 한창 절정에 달했을 즈음 어떤 사람들은 발달상의 변화(중년의 전환기), 외부의 사건(직장 생활의 실패, 이혼), 내면의 사정(탈진, 신앙의 위기), 영혼의 어둔 밤 등으로 말미암아 위기를 겪는다. 그러나 넷째로, 그 위기를 계기로 영혼은 의지적으로 내면의 여정에 올라 영적 훈련들을 통해 하나님을 구하고 소생을 맛본다. 그런가 하면 내면의 여정 중에 귀신들과 싸우다 벽에 부딪히거나 위기를 겪는 사람들도 있다. 다섯째로, 상당한 수준의 치유와 변화가 이루어지고 나면 성령께서 영혼을 다시 활동적인 세상으로 자꾸 떠밀어, 새로워진 비전과 목적을 가지고 다른 사람들을 섬기게 하신다. 끝으로, 성령께서 순례자에게 이타적인 사랑의 삶을 살아갈 능력을 주시고, 그리하여 우리는 주님이 명하신 하나님 나라의 최고선(요 13:34-35)을 실현하게 된다.

주

머리말

1) Larry Crabb, *The Safest Place on Earth* (Nashville: Word, 1999), p. 182. 「지상에서 가장 안전한 곳」(요단).
2) 사도 요한은 **아이들, 청년들, 아비들**이라는 표현을 썼는데(요일 2:12-14) 이는 연령 집단이라기보다 영적 성숙의 수준을 나타내는 말일 것이다.
3) Irenaeus, *Against Heresies* 4.11.2, in *Ante-Nicene Fathers*, Philip Schaff 편집 (Grand Rapids: Eerdmans, 1979), 1:474.
4) James Loder, *The Transforming Moment* (San Francisco: Harper & Row, 1981), p. 133. 「종교 체험과 삶의 변환」(한국신학연구소).
5) Erik H. Erikson, *The Life Cycle Completed* (New York: Norton, 1982).
6) Lawrence Kohlberg, *The Psychology of Moral Development* (San Francisco: Harper & Row, 1984).
7) James Fowler, *Stages of Faith: The Psychology of Human Development and the Quest for Meaning* (San Francisco: Harper & Row, 1981, 「신앙의 발달 단계」, 한국장로교출판사); *Becoming Adult, Becoming Christian: Adult Development and the Christian Faith* (San Francisco: Jossey-Bass, 2000).
8) Walter Brueggemann, *Praying the Psalms* (Winona, Minn.: Saint Mary's, 1982). 「시편의 기도」(CLC).
9) Richard Byrne, "Journey (Growth and Development in Spiritual Life)," in *The New Dictionary of Catholic Spirituality*, Michael Downey 편집 (Collegeville, Minn.: Liturgical Press, 1993), p. 568.

1. 새 생명의 씨앗

1) Augustine, Confessions 2.2.2, in *Writings of St. Augustine*, The Fathers of the Church, John A. Mourant & William J. Collinge 번역 (Washington, D.C.: Catholic University of America Press, 1953), 5:34. 「참회록」(생명의말씀사 등).
2) Augustine, *Confessions* 3.1.1, in *Writings of St. Augustine*, 5:49.

3) Augustine, *Confessions* 8.12.29, in *Writings of St. Augustine*, 5:224-225.
4) C. S. Lewis, *Surprised by Joy* (New York: Book of the Month Club, 1992), p. 115. 「예기치 못한 기쁨」(홍성사).
5) Lewis, *Surprised by Joy*, pp. 228-229.
6) 구원을 가져다주는 하나님의 은혜에 대해서는 엡 2:7-8; 딛 2:11을 보라.
7) 신자들이 그리스도 안에서 이미 "충만해"진 사실에 대해서는 골 2:10을 보라.
8) 그리스도를 믿는 사람들이 "옛 사람"을 벗고 "새 사람"을 입는다는 개념에 대해서는 엡 4:22-24; 골 3:9-10을 보라.
9) Thomas à Kempis, *The Imitation of Christ* 1.18, Donald E. Demaray 편집 (Grand Rapids: Baker, 1982), p. 40. 「그리스도를 본받아」.
10) John of the Cross, *Dark Night of the Soul* 1.1 (New York: Doubleday/Image, 1990), p. 38. 「어둔 밤」(바오로딸).
11) Thomas à Kempis, *The Imitation of Christ* 3.34 (Peabody, Mass.: Hendrickson, 2004), p. 96.
12) 영적으로 성숙하지 못했던 베드로의 모습은 마 14:28-31; 16:22-23; 26:40, 43, 45, 51, 69-74을 보라.
13) "Families Unite in Grief Over Slaying", *Denver Post*, 2001년 4월 8일, p. 1B.
14) 성적 부도덕에 대한 경고는 롬 13:13; 고전 5:1; 6:18; 고후 12:21; 갈 5:19; 엡 5:3; 살전 4:3; 히 13:4을 보라.
15) 신자들이 죄의 굴레에서 해방된 사실에 대해서는 롬 6:6-7, 14, 16-18을 보라.
16) Dennis Prager, *Happiness Is a Serious Problem* (New York: HarperCollins/Regan, 1998), p. 43. 「행복은 진지한 문제다」(돋을새김).
17) Thomas à Kempis, *The Imitation of Christ* 2.1, pp. 36-37.
18) 세상의 재물과 쾌락이 궁극적으로 허망하다는 것은 전 2:1-11을 보라.
19) François Fénelon, *Meditations and Devotions*. 다음 책에 인용된 말이다. Bernard Bangley, *Nearer to the Heart of God* (Brewster, Mass.: Paraclete, 2005), p. 10. 「날마다 예수님 마음 가까이」(두란노).
20) 최근에 하버드에서 실시한 연구를 보면, 연간 평균 근무 일수가 프랑스인은 40.5주, 스웨덴인은 35.4주인데 비해 미국인은 46.2주로 나타났다. Craig Wilson, "Who Needs the Baggage? Here's to Staying Put", *USA Today*, 2006년 8월 23일, p. 1D.
21) 다음 책을 참고하라. William D. Hendricks, *Exit Interviews: Revealing Stories of Why People Are Leaving the Church* (Chicago: Moody Press, 1993), p. 261.

22) Evelyn Underhill, *Essential Writings* (Maryknoll, N.Y.: Orbis, 2003), p. 31.
23) Underhill, *Essential Writings*, p. 52.
24) 기독교의 도에 대한 지식이 미성숙한 상태에 대해서는 히 6:1-2을 보라.
25) 다음 책에 인용되어 있다. *Saint John of the Cross for Every Day* (New York: Paulist, 2007), p. 28.
26) John of the Cross, *Dark Night of the Soul*, 제1권 2-7장, in *Collected Works*, Kieran Kavanaugh & Otilio Rodriguez 번역 (Washington, D.C.: ICS, 1991), pp. 362-375.
27) John of the Cross, *Ascent of Mount Carmel*, in *Collected Works*, pp. 115-116. 「가르멜의 산길」(바오로딸).
28) John of the Cross, *Dark Night* 1.1.1, in *Collected Works*, p. 361.
29) John of the Cross, *Dark Night* 1.1.3, in *Collected Works*, p. 362.
30) George Barna, *Growing True Disciples* (Colorado Springs: WaterBrook, 2001), p. 49.
31) "Christians Say They Do Best at Relationships, Worst in Bible Knowledge", 2005년 6월 14일 〈www.barna.org〉.
32) Philip P. Bliss, "Free from the Law" (1871년).
33) 예수님과 사도들이 가르친 사랑의 법은 마 5:43-44; 롬 13:9-10; 벧전 1:22; 요일 4:11-12을 보라.
34) John Calvin, *Institutes of the Christian Religion* 1.14.13, in Library of Christian Classics, Henry Beveridge 번역 (Philadelphia: Westminster Press, 1960), 1:173. 「기독교강요」(크리스챤다이제스트).
35) "Most Twentysomethigs Put Christianity on the Shelf Following Spiritually Active Teen Years", 2006년 9월 11일 〈www.barna.org〉.
36) C. S. Lewis, *Mere Christianity* (New York: Macmillan, 1952), p. 153. 「순전한 기독교」(홍성사).
37) John Chrysostom, *Homilies on Ephesians* 23, in *Nicene and Post Nicene Fathers* 1.13, Philip Schaff 편집 (Grand Rapids: Eerdmans, 1979), pp. 165-166.

2. 고통의 시절

1) C. S. Lewis, *The Screwtape Letters* (London: Geoffrey Bles, 1961), p. 124. 「스크루테이프의 편지」(홍성사).
2) 다음 책에 인용된 말이다. Dennis Prager, *Happiness Is a Serious Problem* (New

York: HarperCollins/Regan, 1998), p. 54.
3) 시련과 박해와 고난에 대해서는 벧전 1:6; 5:9-10을 보라.
4) Thomas à Kempis, *The Imitation of Christ*, in *Nearer to the Heart of God*, Bernard Bangley 편집 (Brewster, Mass.: Paraclete, 2005), p. 175.
5) Thomas à Kempis, *The Imitation of Christ* 1.13, Donald Demaray 번역 (Grand Rapids: Baker, 1982), p. 28.
6) Pseudo-Macarius, *Homily* 15.12, in *Pseudo-Macarius: The Fifty Spiritual Homilies and the Great Letter*, George A. Maloney 번역 및 편집, Classics of Western Spirituality (New York: Paulist, 1992), p. 112.
7) *New International Dictionary of New Testament Theology*, Colin Brown 편집 (Grand Rapids: Zondervan, 1981), 2:807.
8) Walter Brueggemann, *Praying the Psalms* (Winona, Minn.: Saint Mary's, 1982), pp. 18, 20.
9) William L. Lane, *The Gospel of Mark*, New International Commentary on the New Testament (London: Marshall, Morgan & Scott, 1974), p. 516.
10) 바울은 자신이 겪은 많은 시련을 고후 1:6-10; 4:8-12; 6:4-5, 9-10, 11:23-27; 엡 3:13에 언급했다.
11) 1세기 그리스도인들이 겪은 고생에 대해서는 히 4:15; 10:33; 12:7; 약 1:2; 벧전 4:12을 보라.
12) 순교자의 소리(The Voice of the Martyrs) 웹사이트 〈www.persecution.org〉를 보라.
13) Pseudo-Macarius, *The Fifty Spiritual Homilies* 9.7, p. 85.
14) Mark Galli & Ted Olsen 편집, *131 Christians Everyone Should Know* (Nashville: Broadman & Holman, 2000), p. 116.
15) 다음 자료를 참고하라. Thomas J. Heffernan, "Biographies, Spiritual", in *The New Westminster Dictionary of Christian Spirituality*, Philip Sheldrake 편집 (Louisville, KY: Westminster John Knox, 2005), p. 150.
16) 극심한 시련을 겪은 그리스도인들을 그 밖에도 많이 언급할 수 있다. 이를테면 노리치의 줄리안(1342경-1416경), 존 던(John Donne, 1572-1631), 존 뉴턴(John Newton, 1725-1807), 워치만 니(Watchman Nee, 1903-1972), 리처드 범브란트(Richard Wurmbrand, 1909-2001) 등의 훌륭한 생애는 모두 읽어 볼 만하다.
17) Friedrich von Hügel, *Letters to a Niece* (New York: J. M. Dent, 1928), p. xvi.
18) Jean Pierre de Caussade, *The Sacrament of the Present Moment* (New York:

HarperSanFrancisco, 1989), p. 51.
19) Hügel, *Letters*, p. xv.
20) 같은 책, p. xliii.
21) 성품의 연단을 묘사한 성경의 이미지들로는 렘 13:24; 욥 3:13; 요 15:2; 벧전 1:7을 보라.
22) William Tyndale, *Preface to Obedience*. 다음 책에 인용된 말이다. Bangley, *Nearer to the Heart of God*, pp. 263-264.
23) John Calvin, *Institutes of the Christian Religion* 3.8.1, Library of Christian Classics, Henry Beveridge 번역 (Philadelphia: Westminster Press, 1960), 1:702.
24) 다음 책에서 C. S. 루이스가 쉘던 베너컨에게 보낸 편지를 참고하라. Sheldon Vanauken, *A Severe Mercy* (San Francisco: Harper & Row, 1977), pp. 209-210. 「잔인한 자비」(복있는사람).
25) François Fénelon, "Set Me Free", in *Meditations on the Heart of God* (Brewster, Mass.: Paraclete, 1997), p. 167.
26) 다음 책에 인용된 말이다. Bangley, *Nearer to the Heart of God*, pp. 11-12.
27) 다음 책에 인용된 말이다. Ariel Glucklich, *Sacred Pain* (New York: Oxford University Press, 2001), p. 24.
28) 다음 책에 인용된 말이다. P. Camporesi, *The Incorruptible Flesh* (Cambridge: Cambridge University Press, 1988), p. 110.
29) 다음 책을 참고하라. John T. McNeill & Helen M. Gamer 편집, *Medieval Handbook of Penance* (New York: Columbia University Press, 1938), p. 354.
30) Caussade, *Sacrament*, p. xvii.
31) Richard J. Foster, "Growing Edges", *Renovaré* 16, no. 1 (2006년 2월): 1.
32) 그리스도인들이 그리스도와 함께 고난을 당한다는 주제에 대해서는 롬 8:17; 고후 1:5; 빌 3:10을 참고하라.
33) 다음 책에 인용된 말이다. *Prayers and Meditations of Thérèse of Lisieux* (Ann Arbor, Mich.: Servant, 1992), p. 91.
34) "Light Shining Out of Darkness", *Fire and Ice: Puritan and Reformed Writings* 〈www.puritansermons.com/poetry/cowper8.htm〉. (첫 절은 우리말 찬송가 80장 1절이다.)

3. 고난의 원인
1) Augustine, *The City of God* 22.22, in Writings of St. Augustine, The Fathers of

the Church, John A. Mourant & William J. Collinge 번역 (Washington, D.C.: Catholic University of America Press, 1966), 8:474. 「하나님의 도성」(크리스챤다이제스트).
2) 죄를 기도가 막히는 것과 연결하는 성경 구절들은 그 밖에도 잠 1:28; 사 1:15 등이 있다.
3) Francis de Sales, *An Introduction to the Devout Life*. 다음 책에 인용된 말이다. Bernard Bangley, *Nearer to the Heart of God* (Brewster, Mass.: Paraclete, 2005), p. 16.
4) Christopher Love, *The Dejected Soul's Cure*. (「낙망하는 내 영혼의 회복」, 지평서원). 다음 책에 인용된 말이다. Peter Lewis, *The Genius of Puritanism* (Haywards Heath, U.K.: Carey, 1975), p. 79. 「청교도 목회와 설교」(청교도신앙사).
5) Christopher Love, *Grace: The Truth and Growth*. 다음 책에 인용된 말이다. Lewis, *Genius of Puritanism*, p. 80.
6) 신 28:15-68을 보라.
7) 하나는 "세대"라는 뜻의 '아이온'(*aion*)으로 100회 이상 쓰였고, 또 하나는 "세상 질서, 시스템"을 뜻하는 '코스모스'(*kosmos*)라는 단어로 185회 사용되었다.
8) 하나님과 그분의 백성에게 적대적인 세상 질서에 대해서는 요 17:14; 약 4:4; 요일 3:13을 보라.
9) John Calvin, *Institutes of the Christian Religion* 3.8.7, in Library of Christian Classics, Henry Beveridge 번역 (Philadelphia: Westminster Press, 1960), 1:707-708.
10) Richard Sibbes, *The Works of Richard Sibbes* (Edinburgh: Banner of Truth, 1973), 1:142.
11) 사탄이 사람을 꾀어 죄를 짓게 만들었다고 명시된 예로는 대상 21:1; 요 13:2; 행 5:3을 보라.
12) Love, *Dejected Soul's Cure*. 다음 책에 인용된 말이다. Lewis, *Genius of Puritanism*, p. 92.
13) 2008년 6월 20일, ABC의 텔레비전 프로그램 "나이트라인"(Nightline)에 여러 나라의 사회과학자들이 행복과 불행을 주제로 실시한 연구 결과가 상세히 소개되었다. 결과는 일관되게 40대 남녀가 가장 덜 행복하며 그중에서도 44세가 평생 가장 불행한 시기로 나타났다.
14) 중년에 해당하는 시기는 전문가들마다 달라서 예컨대 융(Jung)은 35-40세, 레빈슨(Levinson)과 쉬히(Sheehy)는 35-45세, 콘웨이(Conway)는 35-55세로 본다.

15) Jim Conway, *Men in Mid Life Crisis* (Elgin, Ill.: Cook, 1978), p. 57. 「중년의 위기」 (디모데).
16) Janice Brewi & Anne Brennan, *Mid-Life: Psychological and Spiritual Perspectives* (New York: Crossroad, 1982), p. 39.
17) Brewi & Brennan, *Mid-Life*, p. 53.
18) Nancy Meyer, *The Male Mid-Life Crisis* (Garden City, N.Y.: Doubleday, 1978), p. 248.
19) Lewis, *Genius of Puritanism*, p. 71.
20) 예루살렘의 재앙을 하나님이 보내신 것이라는 예레미야의 주장에 대해서는 애 2:17; 3:38을 보라.
21) Martin Luther, *Sermons on the Gospel of St. John: Chapter 14-16*, in *Luther's Works*, Jaroslav Pelikan 편집 (St. Louis: Concordia, 1955-86), 24:195.
22) Jan Van Ruysbroeck, *The Spiritual Espousals and Other Works*, James A. Wiseman 편집, Classics of Western Spirituality (New York: Paulist Press, 1985), p. 80.
23) Thomas à Kempis, *Imitation of Christ* 3.30.5 (Peabody, Mass.: Hendrickson, 2004), p. 91.
24) François Fénelon, *Meditations and Devotions*. 다음 책에 인용된 말이다. Bangley, *Nearer to the Heart of God*, p. 183.
25) 고난에 대한 베드로의 가르침은 벧전 1:6; 2:19-21; 3:17; 4:12-19; 5:9을 보라.
26) 다음 책에 인용된 말이다. Ewald M. Plass, *What Luther Says* (St. Louis: Concordia, 1959), p. 21.
27) Calvin, *Institutes*, 3.8.6, 1:706. 아울러 3.8.11, 1:711도 보라.

4. 영혼의 어둔 밤

1) Martin E. Marty, *A Cry of Absence: Reflections on the Winter of the Heart* (San Francisco: Harper & Row, 1983), p. 139.
2) 같은 책, p. 147.
3) 이런 의미에 대해서는 욥 29:3; 시 44:19을 참고하라. 어둠에 담겨 있는 다른 비유적 의미들로는 환난(막 13:24), 죄에 빠진 상태(롬 13:12; 살전 5:5), 악의 세력(골 1:13; 엡 5:8) 등이 있다.
4) "내가 알기에는 나의 대속자가 살아 계시니 마침내 그가 땅 위에 서실 것이라. 내 가죽이 벗김을 당한 뒤에도 내가 육체 밖에서 하나님을 보리라"(욥 19:25-26).

5) C. S. Lewis, *A Grief Observed* (New York: Bantam, 1976), p. 49. 「헤아려 본 슬픔」(홍성사).
6) 같은 책, p. 37.
7) 같은 책, pp. 35, 43-45, 49.
8) 같은 책, p. 5.
9) 다음 책을 보라. James Emery White, *Embracing the Mysterious God* (Downers Grove, Ill.: InterVarsity Press, 2003), pp. 65-67. 「이해할 수 없는 하나님 사랑하기」(IVP).
10) 다음 책을 보라. *Mother Teresa: Come Be My Light*, Brian Kolodiejchuk 편집 (New York: Doubleday, 2007), pp. 21-22. 「마더 데레사 나의 빛이 되어라」(오래된 미래).
11) "Mother Teresa Tormented by Crisis of Faith", *The Denver Post*, 2007년 8월 26일, p. 2A.
12) Oswald Chambers, *My Utmost for His Highest* (Uhrichsville, Ohio: Barbour, 연도 미상), 4월 4일자 부분. 「주님은 나의 최고봉」(토기장이).
13) Lewis B. Smedes, *My God and I: A Spiritual Memoir* (Grand Rapids: Eerdmans, 2003), p. 131.
14) 같은 책, p. 132.
15) Henri J. M. Nouwen, *The Inner Voice of Love: A Journey Through Anguish to Freedom* (New York: Doubleday/Image, 1998), p. xiii. 「마음에서 들려오는 사랑의 소리」(바오로딸).
16) 다음 책을 참고하라. John of the Cross, *The Dark Night* 1.1.2, in *The Collected Works of Saint John of the Cross*, Kieran Kavanaugh & Otilio Rodriguez 번역 (Washington, D.C.: ICS, 1991), p. 361.
17) Gerald May, *The Dark Night of the Soul* (New York: HarperSanFrancisco, 2005), p. 86. 「영혼의 어두운 밤」(아침영성지도연구원).
18) John of the Cross, *Dark Night* 2.1.1, in *Collected Works*, p. 395.
19) May, *Dark Night of the Soul*, p. 93.
20) John of the Cross, *Ascent of Mount Carmel* 3.16.1, in *Collected Works*, pp. 291-292.
21) John of the Cross, *Dark Night* 2.6.2, in *Collected Works*, p. 404.
22) John of the Cross, *Dark Night* 1.8.1, in *Collected Works*, p. 375.
23) 다음 책에 인용된 말이다. Ewald M. Plass 편집, *What Luther Says* (St. Louis:

Concordia, 1959), p. 241.
24) John Calvin, *Institutes of the Christian Religion* 3.20.3, in Library of Christian Classics, Henry Beveridge 번역 (Philadelphia: Westminster Press, 1960), 2:853.
25) G. A. Hemming, "The Puritans' Dealings with Troubled Souls", in Martyn Lloyd-Jones, *Puritan Papers: Volume One 1956-1959* (Phillipsburg, N.J.: P & R, 2000), p. 35.
26) 같은 책, p. 37.
27) Thomas Goodwin, *A Child of Light Walking in Darkness* (London: A Dawlman & L. Fowne, 1638), pp. 5-6. 「어둠 속을 걷는 빛의 자녀들」(지평서원).
28) A. W. Tozer, *The Divine Conquest* (New York: Revell, 1959), p. 126. 「성령 충만한 진짜 크리스천」(생명의말씀사).
29) 같은 책, p. 125.
30) 같은 책, p. 126.
31) William Bridge, *A Lifting Up for the Downcast* (London: Banner of Truth Trust, 1979), p. 176.
32) John Bunyan, *The Pilgrim's Progress*, Hal M. Helms 편집, in *Christian Classics/ Living Library* (Brewster, Mass.: Paraclete, 1982), p. 113. 「천로역정」(포이에마).
33) 같은 책, p. 110.
34) François Fénelon, *The Royal Way of the Cross* (Brewster, Mass.: Paraclete, 1982), p. 23.
35) David Crowner & Gerald Christianson 편집, *The Spirituality of the German Awakening*, Classics of Western Spirituality (New York: Paulist Press, 2003), p. 95.
36) May, *Dark Night of the Soul*, pp. 4-5.
37) 같은 책, p. 68.
38) 다음 책을 보라. *Upper Room Dictionary of Chritian Spiritual Formation*, Keith Beasley-Topliffe 편집 (Nashville: Upper Room, 2003), p. 89.
39) Daniel Levinson, *The Seasons of a Man's Life* (New York: Ballantine, 1978), p. 30. 「남자가 겪는 인생의 사계절」(이화여자대학교출판부).
40) Kathleen Norris, *The Cloister Walk* (New York: Riverhead, 1996), p. 213.
41) James E. Loder, *The Transforming Moment* (San Francisco: Harper & Row, 1981).

42) Levinson, *Seasons of a Man's Life*, p. 61. 아울러 pp. 54-56도 보라.
43) May, *Dark Night of the Soul*, p. 180.
44) Nouwen, *Inner Voice of Love*, p. 28.
45) 성경에서 우울증은 시 42:5-6, 11; 잠 18:14 등에 암시되어 있다.
46) Thomas Moore, *Dark Nights of the Soul* (New York: Gotham, 2004), p. xiv.
47) Gerald M. May, *Care of Mind/Care of Spirit* (New York: HarperSanFrancisco, 1992), p. 110. 「영성 지도와 상담」(IVP).
48) John of the Cross, *Dark Night* 1.9, in Collected Works, pp. 377-380.
49) Moore, *Dark Nights*, p. 114. 아울러 pp. 57, 67도 보라.
50) John of the Cross, *Living Flame of Love* (「사랑의 산 불꽃」, 기쁜소식), in David Hazard, *You Set My Spirit Free* (Minneapolis: Bethany House, 1994), p. 57.
51) Moore, *Dark Nights*, p. 5.
52) John of the Cross, *Letter* 13, in *Collected Works*, p. 747.
53) Hemming, "The Puritans' Dealings", p. 43.
54) 다음 기사에 인용된 말이다. "Defining the Language of Life, Death", *USA Today*, 2005년 10월 5일, p. 6D.

5. 구속의 반응
1) 그리스도인들이 4세기부터 시행한 '렉티오 디비나'(*lectio divina*, 거룩한 독서)라는 훈련은 성경 본문을 읽기(경청), 읽은 내용을 묵상하기(묵상), 말씀으로 하나님께 기도하기(반응), 하나님 안에서 안식하기(관상), 읽은 말씀대로 살기(성육신) 등으로 이루어진다. 렉티오 디비나에 관한 탁월한 설명은 Eugene H. Peterson, *Eat This Book* (Grand Rapids: Eerdmans, 2006), pp. 90-117를 보라. 「이 책을 먹으라」(IVP).
2) Jean Pierre de Caussade, *The Sacrament of the Present Moment* (New York: HarperSanFrancisco, 1989), p. 42.
3) Wayne Martindale & Jerry Root 편집, *The Quotable Lewis* (Wheaton, Ill.: Tyndale House, 1989), p. 221.
4) Thelma Hall, *Too Deep for Words* (New York: Paulist, 1988), p. 54. 「깊이깊이 말씀 속으로」(성서와함께).
5) "The Concept of Holiness Baffles Most Americans", 2006년 2월 20일 〈www.barna.org〉.
6) Richard Sibbes, *The Works of Richard Sibbes* (Edinburgh: Banner of Truth, 1982), 7:52.

7) Friedrich von Hügel, *Letters to a Niece* (New York: J. M. Dent, 1958), p. 93.
8) Martindale & Root, *Quotable Lewis*, p. 172.
9) C. S. Lewis, *Mere Christianity* 4.8 다음 책에 인용되어 있다. Martindale & Root, *Quotable Lewis*, p. 571.
10) Martin E. Marty, *A Cry of Absence* (San Francisco: Harper & Row, 1983), p. 153.
11) 양이 목자의 음성을 알아듣는다는 예수님의 가르침은 요 10:3-5, 27을 보라.
12) François Fénelon, *Meditations on the Heart of God* (Brewster, Mass.: Paraclete, 1997), p. 69.
13) Hügel, *Letters*, p. xliii.
14) Caussade, *Sacrament of the Present Moment*, p. 17.
15) Augustine, "On True Religion" 72, in *Augustine: Earlier Writings*, John S. Burleigh 편집, Library of Christian Classics (Philadelphia: Westminster Press, 1953), 6:262.
16) 예컨대 엘리자베스 오코너는 "개신교에서는 참 자아에 더 가까워지도록 이끌어 주는 도움을 찾기가 매우 힘들다"고 인정했다. *Journey Inward, Journey Outward* (New York: Harper & Row, 1968), p. 29.
17) Evelyn Underhill, *Essential Writings*, Emilie Griffin 편집 (Maryknoll, N.Y.: Orbis, 2003), p. 52.
18) Dennis Prager, *Happiness Is a Serious Problem* (New York: HarperCollins/Regan, 1998), pp. 109-110.
19) Henri J. M. Nouwen, *Reaching Out* (New York: Doubleday, 1975), p. 126. 「영적 발돋움」(두란노).
20) Ole Hallesby, *Prayer* (Minneapolis: Augsburg, 1931), pp. 146-147. 「기도」(생명의 말씀사).
21) Eugene H. Peterson, *Under the Unpredictable Plant* (Grand Rapids: Eerdmans, 1992), p. 89. 「유진 피터슨의 성공주의 목회자」(좋은씨앗).
22) 하나님이 그들을 여러 가지 압제와 고난에서 구해 주신 예로는 출 18:10; 시 18:47-48; 103:2-4; 124편을 보라.
23) Janet Kornblum, "Study: 25% of Americans Have No One to Confide In", *USA Today*, 2006년 6월 23-25일, p. 1A.
24) Bernard of Clairvaux, "Letter XXIV", in *Some Letters of Saint Bernard, Abbot of Clairvaux* (London: John Hodges, 1904), p. 102.

25) Hügel, *Letters*, p. xlv.
26) 성경에 나오는 담대하라는 명령으로는 수 1:7; 10:25; 마 14:27; 행 23:11; 고전 16:13을 참고하라.
27) 다음 책에 인용된 말이다. Peter Lewis, *The Genius of Puritanism* (Haywards Heath, U.K.: Carey, 1975), p. 134.
28) Willam Cowper, "The Saints Should Never Be Dismayed", 1절과 6절, 〈www.cyberhymnal.org/htm/s/a/saintssn.htm〉.

6. 부활의 첫맛

1) 전통적으로 사 58:8, 10; 60:1 같은 성경 말씀은 이스라엘이 포로 생활에서 회복될 것을 말하고 있지만, 하나님이 그분을 신뢰하는 사람들에게 베푸시는 영적 조명과 평안을 예고하는 말씀이기도 하다.
2) John of the Cross, *Living Flame of Love*, Prologue 3, in *The Collected Works of St. John of the Cross*, Kieran Kavanaugh & Otilio Rodriguez 번역 (Washington, D.C.: ICS, 1991), p. 639.
3) Nathaniel Whiting의 말로 다음 책에 인용되어 있다. Peter Lewis, *The Genius of Puritanism* (Haywards Heath, U.K.: Carey, 1975), p. 85.
4) C. S. Lewis, *A Grief Observed* (New York: Bantam, 1976), pp. 51-52.
5) Eugene H. Peterson, *Christ Plays in Ten Thousand Places* (Grand Rapids: Eerdmans, 2005), p. 232. 「현실, 하나님의 세계」(IVP).
6) 방향이 회복된 신자들이 그리스도의 부활의 삶에 붙들리는 증거로는 롬 8:11; 엡 1:18-21을 보라.
7) Teresa of Ávila, *Interior Castle*, in *The Collected Works of St. Teresa of Ávila*, Kieran Kavanaugh & Otilio Rodriguez 번역 (Washington, D.C.: ICS, 1980), 2:341-44. 「내면의 성(城)」(요단).
8) "The Concept of Holiness Baffles Most Americans", 2006년 2월 20일 〈www.barna.org〉.
9) Julian of Norwich, *Revelations of Divine Love*, Elizabeth Spearing 번역 (London: Penguin, 1908), p. 90.
10) Julian of Norwich, *Showings*, Edmund Colledge & James Walsh 번역, Classics of Western Spirituality (New York: Paulist, 1978), p. 225.
11) 신약 성경에 나오는 "그리스도 안에"라는 표현에 대해서는 요 14:20; 롬 8:10; 골 1:27을 보라.

12) John of the Cross, *Spiritual Canticle* 22.3, in *Collected Works*, p. 560. 「영가」(기쁜소식).
13) Charles Wesley, in *John and Charles Wesley*, Frank Whaling 편집, Classics of Western Spirituality (New York: Paulist, 1981), p. 27.
14) *The Theologia Germanica of Martin Luther*, Bengt Hoffman 번역, Classics of Western Spirituality (New York: Paulist, 1980), pp. 104, 106-107, 110-111, 120, 122, 127-128. 「마틴 루터의 독일 신학」(은성).
15) Brennan Manning, *Abba's Child: The Cry of the Heart for Intimate Belonging* (Colorado Springs: NavPress, 1994), pp. 38-39. 「아바의 자녀」(복있는사람).
16) 예수님이 자신을 따르는 사람들에게 주신 평안에 대해서는 요 14:27; 20:19, 21, 26을 보라.
17) 다음 책에 인용된 말이다. Lewis, *Genius of Puritanism*, p. 108.
18) 본문에 열거한 순서대로 베드로가 변화된 증거를 보려면 벧전 3:3-4; 벧후 1:5-6; 벧전 5:10; 벧후 1:16-18; 벧전 3:14; 4:16을 참고하라.
19) Doris R. Leckey, *Seven Essentials for the Spiritual Journey* (New York: Crossroad, 1999), p. 103.
20) 다음 글도 보라. William Bouwsma, "Christian Adulthood", in *Adulthood*, Erik H. Erikson 편집 (New York: Norton, 1978), pp. 91-92. 다음 책에 인용되어 있다. Les L. Steele, *On the Way* (Grand Rapids: Baker, 1990), pp. 31-32.
21) Evelyn Eaton & James D. Whitehead, *Christian Life Patterns* (Garden City, N.Y.: Doubleday, 1979), p. 149.
22) Robert E. Webber, *God Still Speaks* (Nashville: Thomas Nelson, 1980), p. 171.
23) Gerald G. May, *The Dark Night of the Soul* (New York: HarperSanFrancisco, 2004), p. 182.
24) Joseph M. Stowell, *Shepherding the Church* (Chicago: Moody, 1997), pp. 181-182.
25) Augustine, Soliloquies 1.1.5, in *Writings of Saint Augustine*, Ludwig Schopp 편집, Fathers of the Church (New York: CIMA, 1948), 1:348.
26) Augustine, Sermon 159.8. 다음 책에 인용된 말이다. *Augustine Day by Day*, John Rotelle 편집 (New York: Catholic Book, 1986), p. 14.
27) Thérèse of Lisieux, *Prayers and Meditations*, Cindy Cavnar 편집 (Ann Arbor, Mich.: Servant, 1992), p. 32.
28) 같은 책, p. 46.

29) John of the Cross, *The Sayings of Light and Love* 60, in *Collected Works*, p. 90.
30) Augustine, *On the Gospel of John* 40.10, in *Nicene and Post-Nicene Fathers*, Philip Schaff 편집 (Peabody, Mass.: Hendrickson, 1994), 7:228-229.
31) John of the Cross, *Living Falme of Love* 2.27, in *Collected Works*, p. 667.
32) Friedrich von Hügel, *Letters of Friedrich von Hügel to a Niece* (New York: J. M. Dent, 1928), p. xix.

맺음말

1) 헬라어 원어는 '텔레이오스'(*teleios*)다. 영적 완전함이 곧 온전하거나 성숙한 상태임을 보여 주는 성경 말씀으로는 왕상 8:61; 약 1:4을 보라.
2) Augustine, *Christian Instruction* 1.34, in *Writings of Saint Augustine*, 제2권, Fathers of the Church (Washington, D.C.: Catholic University of America Press, 1947), p. 55. 「기독교 교육론」(크리스챤다이제스트).
3) Arthur Bennett 편집, *The Valley of Vision: A Collection of Puritan Prayers and Devotions* (Edinburgh: Banner of Truth, 1975), p. 1.
4) Thomas à Kempis, *The Imitation of Christ* 3.35 (Peabody, Mass.: Hendrickson, 2004), p. 97.
5) Charles H. Spurgeon, "And We Are", in *The Metropolitan Tabernacle Pulpit* (Pasadena, Tex.: Pilgrim, 1974), 2:683.
6) Abraham Kuyper, *Near Unto God* (Grand Rapids: CRC, 1997), p. 113. 「하나님께 가까이」(크리스챤다이제스트).
7) 다음 기사를 참고하라. Carol Zaleski, "The Dark Night of Mother Teresa", *First Things* 133, no. 1 (2003년 5월): 25.
8) Walter Brueggemann, *Praying the Psalms*, 재판 (Eugene, Ore.: Wipf & Stock, 2007), p. 3. 「시편의 기도」(CLC).
9) 다음 책에 인용된 말이다. Gerald May, *The Dark Night of the Soul* (New York: HarperSanFrancisco, 2004), p. 187.
10) Adrian van Kaam, *The Tender Farewell of Jesus* (Hyde Park, N.Y.: New City, 1996), p. 18.

부록: 영적 여정에 대한 고전과 현대의 여러 패러다임

1) 다음 책을 보라. Benedict Groeschel, *Spiritual Passages: The Psychology of Spiritual Development* (New York: Crossroad, 1993, 「심리학과 영성」, 성바오

로). 일부 개신교인들도 이런 패러다임의 가치를 인정하는데, 다음이 그 좋은 예다. M. Robert Mulholland Jr., *Invitation to a Journey: A Road Map for Spiritual Formation* (Downers Grove, Ill.: InterVarsity Press, 1993, 「예수를 닮아가는 영성 여행 길라잡이」, 살림), 8장.

2) Pseudo-Macarius, *Homily* 15.35-36, in *Pseudo-Macarius: The Fifty Spiritual Homilies and the Great Letter*, George A. Maloney 번역 및 편집, Classics of Western Spirituality (New York: Paulist, 1992), p. 121.

3) Pseudo-Macarius, *Homily* 17.4, in *Fifty Spiritual Homilies*, p. 137.

4) Pseudo-Macarius, *Homily* 32.6, in *Fifty Spiritual Homilies*, p. 199.

5) Pseudo-Macarius, *Homily* 26.14, in *Fifty Spiritual Homilies*, p. 169.

6) Kallistos Ware, *Fifty Spiritual Homilies* 서문, p. xiii.

7) Jan van Ruysbroeck, *The Spiritual Espousals and Other Works*, James A. Wiseman 편집, Classics of Western Spirituality (New York: Paulist, 1985), p. 135.

8) Van Ruysbroeck, *Spiritual Espousals*, p. 120.

9) 성 요한이 말한 여정의 다섯 단계를 잘 요약해 놓은 책으로 다음을 참고하라. Leonard Doohan, *The Contemporary Challenge of John of the Cross* (Washington, D.C.: ICS, 1995).

10) John of the Cross, *The Ascent of Mount Carmel* 2.11.5, in *The Collected Works of Saint John of the Cross*, Kieran Kavanaugh & Otilio Rodriguez 번역 (Washington, D.C. ICS, 1991), p. 144.

11) 다음 책을 보라. Doohan, *Contemporary Challenge of John of the Cross*, p. 54.

12) Evelyn Underhill, *Mysticism* (New York: Noonday, 1955), pp. 168-170.

13) 스캇 펙은 여정의 패러다임을 네 단계로 제시한다. 다음 책을 참고하라. M. Scott Peck, *The Different Drum* (New York: Simon & Schuster, 1987), 9장.「평화 만들기」(열음사).

14) Peck, *Different Drum*, p. 189.

15) 같은 책, p. 202.

16) 같은 책, p. 195.

17) Janet O. Hagberg & Robert A. Guelich, *The Critical Journey: Stages in the Life of Faith* (Salem, Wis.: Sheffield, 1995).「더 깊은 믿음으로의 여정」(디모데).

인명 찾아보기

Ambrosius 24
Antonyius of Egypt 68
Armstrong, Lance 64
Augustinus 22-24, 60, 78, 132, 148, 181-182, 185, 188, 192
Barna, George 41
Bass, Edward 67
Baxter, Richard 185
Bernard of Clairvaux 69, 125, 152-153, 170, 207
Brainerd, David 61
Bridge, William 116
Brueggemann, Walter 14-15, 53, 196
Bunyan, John 11, 59, 116, 192
Burroughs, Jeremiah 155
Byrne, Richard 15
Calvin, Jean 43, 65, 81, 96, 114, 134, 184, 207
Carmichael, Amy 61
Catharina de Genova 140
Caussade, Jean Pierre de 62, 69, 132, 187
Chambers, Oswald 109, 139
Chesterton, G. K. 24
Cowper, William 71-72, 156
Crabb, Larry 11
Dostoevskii, Fyodor 51
Erikson, Erik H. 14

Fénelon, François 33, 65, 67, 70, 87, 94, 96, 117, 144, 195
Fowler, James 14, 213
Francesco d'Assisi 42, 71
Francis of Sales 101, 198
Graham, Franklin 66
Gregorius the Great 152
Guelich, Robert 214
Guyon, Jeanne 140, 178
Hagberg, Janet 214
Hall, Thelma 134
Hallesby, O. 148
Hieronymus 23
Hügel, Friedrich von 61, 64, 138, 144, 155, 187
Irenaeus 12
Jan van Ruysbroeck 94, 208
Joannes a Cross 27, 38, 40, 45-46, 51, 70, 107, 110-113, 115, 123-126, 149, 152, 162-163, 168, 183, 186, 210
Joannes Paulus II, Pope 127
Julian of Norwich 28, 166
Kohlberg, Lawrence 14
Kuyper, Abraham 194
Lewis, C. S. 21, 24, 45, 50, 67, 107, 134, 140, 163, 177, 220
Levinson, Daniel J. 120-121
Loder, James 13, 120

Love, Christopher 79
Luther, Martin 26, 80, 93, 96, 114, 150, 152, 180, 199
MacDonald, George 24
Manning, Brennan 170
Manton, Thomas 115
Marty, Martin 101, 142
May, Gerald 113, 118, 122, 180
Merton, Thomas 82, 127, 147, 152, 192
Moore, Thomas 125
Norris, Kathleen 120
Nouwen, Henri 110, 123, 143, 146, 154
Peck, M. Scott 213, 230
Peterson, Eugene 106, 164
Prager, Dennis 32, 146
Pseudo-Macarius 59, 121, 206
Sibbes, Richard 83, 136
Simeon the Stylite 68
Smedes, Lewis 110
Spurgeon, Charles 151, 194
Stowell, Joseph 180
Suso, Henricus 69
Symonds, Joseph 172
Ten Boom, Corrie 59
Teresa de Ávila 28, 61-62, 197, 209
Teresa of Kolkata, Mother 108, 143, 165, 196
Thérèse de Lisieux 109, 148, 176, 182, 186, 198
Tholuck, Friedrich 117
Thomas à Kempis 27-28, 32, 41, 51, 94, 152, 184
Tolkien, J. R. R. 24

Tozer, A. W. 49, 57, 116, 122, 163, 171, 194
Tyndale, William 65
Underhill, Evelyn 36, 133, 212
Van Kaam, Adrian 198
Webber, Robert E. 177
Wesley, Charles 169-170
Willard, Dallas 41, 132, 156
Wycliffe, John 67

성구 찾아보기

창세기
1:3 *162*
3:13 *43*
6:9 *28*
9:21 *29*
12장 *29*
12:1-2 *11*
15:4 *55*
16장 *29*
20장 *29*
22장 *55*
27장 *29*
30장 *29*
37장 *55*
39:20 *55*

출애굽기
1:16 *55*
1:22 *55*
5:23 *104*
18:10 *226*

민수기
33:1-2 *12*

신명기
6:4-5 *181*
8:2-3 *122*
28:15-68 *221*

30:6 *165*

여호수아
1:7 *227*
10:25 *227*

룻기
1:16 *22*

사무엘상
13:14 *54*
16:14 *84*

사무엘하
11장 *29, 55*
12:11 *55*

열왕기상
3:7-12 *173*
3:12 *173*
8:61 *229*
11:4 *44*
19:4 *56*
19:4-5 *89*
19:12 *143*

역대상
21:1 *221*

역대하
1:1 *44*
20:7 *29*

욥기
1:1 *54, 102*
2:7 *85*
5:6-7 *51*
5:17-18 *98*
9:17-18 *91*
13:15 *137*
13:24 *102*
19:8 *102*
19:8-10 *91*
19:25-26 *222*
19:25-27 *150*
29:3 *222*
30:17 *103*
30:20 *103*
30:26 *103*

시편
9:13-14 *160*
10:1 *103*
13:1 *103*
16:11 *33*
18:28 *163*
18:47-48 *226*
22:1-2 *100*
23:4 *193*
24:3-4 *134*
27:8 *139*
30:7 *79, 95*
32:3-4 *80*
34:19 *52*
38:4 *79*

39:9 *91*
42:5-6 *225*
42:9-10 *103*
42:11 *91, 150*
44:11 *91*
44:17-19 *95, 104*
44:19 *222*
51:8 *162*
51:12 *162*
61:2 *139*
63:1 *168*
66:10-12 *55*
66:18 *79*
69편 *138*
71:20 *164*
73:24 *187*
73:28 *177*
77편 *138*
77:2 *125*
77:7-8 *103*
77:11 *149*
86:17 *161*
88편 *138*
88:6 *104*
88:14 *104*
88:18 *104*
103:2-4 *226*
103:8 *136*
103:10-11 *136*
116:9 *165*
118:18 *80*
119:1-2 *190*
119:50 *141*
119:67 *65, 193*
124편 *226*
130:5-6 *142*

142:1-2 *138*
143:4 *53*

잠언
1:28 *221*
2:1-6 *173*
2:6 *173*
2:9-10 *173*
9:10 *174*
18:14 *225*

전도서
2:1-11 *217*

이사야
1:15 *221*
6:1-5 *188*
28:21 *96*
30:20 *92, 127*
35:8 *134*
42:3 *137*
45:7 *92*
50:10 *105, 141*
54:7 *151*
54:7-8 *105*
57:20-21 *79*
58:8 *227*
58:10 *227*
59:2 *78*
60:1 *163, 227*

예레미야
12:6 *56*
13:24 *220*
15:18 *56*
29:11 *151*

38:9 *56*

예레미야애가
1:12-13 *93*
2:17 *222*
3:2 *105*
3:6 *105*
3:25-26 *150*
3:38 *222*

호세아
6:1 *92*

요엘
3:13 *220*

요나
4:3 *105*

말라기
4:2 *172*

마태복음
5:8 *134*
5:43-44 *218*
5:48 *42, 191*
11:29-30 *70*
13:19 *83*
13:25 *83*
13:39 *83*
14:27 *227*
14:28-31 *217*
16:22-23 *217*
17:2 *168*
17:5 *168*
18:3-5 *175*

22:39 *207*
24:9 *86*
26:37 *56*
26:38 *56*
26:40 *217*
26:43 *217*
26:45 *217*
26:51 *217*
26:69-74 *217*
26:70 *57*
26:72 *57*
26:74 *57*
27:46 *106*

마가복음
3:22 *83*
6:21-28 *58*
10:14-15 *175*
10:45 *178*
12:31 *182*
13:24 *222*
14:33 *56*

누가복음
10:27 *154*
10:40 *35*
12:15 *32*
13:11 *85*
13:16 *85*

요한복음
5:17 *132*
5:24 *20*
8:44 *83*
9:1-12 *82*
10:3-5 *226*
10:27 *226*
11:43-44 *106*
13:2 *221*
13:34-35 *183, 215*
14:6 *11, 198*
14:20 *205, 227*
14:27 *228*
15장 *93*
15:1-8 *120, 167*
15:2 *220*
15:19 *81*
15:20 *71*
16:33 *52, 193*
17:14 *221*
17:20-23 *212*
19:25-27 *106*
20:19 *228*
20:21 *228*
20:26 *228*
21장 *166*
21:15 *123*

사도행전
5:3 *43, 221*
8:3 *22*
9:1 *22*
18:25 *11*
23:11 *227*

로마서
4:20 *150*
5:3-4 *64*
6:6-7 *217*
6:14 *217*
6:16-18 *217*
7:14-25 *197*

8:10 *227*
8:11 *227*
8:17 *220*
8:20-21 *200*
9:2-4 *183*
12:2 *27*
13:9-10 *218*
13:12 *222*
13:13 *31, 217*
13:13-14 *23*

고린도전서
1:24 *174*
2:15 *174*
3:1 *41*
3:1-2 *210*
4:15 *152*
5:1 *217*
5:10 *31*
6:8 *31*
6:9-10 *31*
6:17 *167*
6:18 *217*
7:31 *32*
9:24-25 *148*
10:12 *44*
10:13 *71, 137*
13:11 *12, 37*
13:12 *187*
14:20 *176*
15:35-49 *187*
16:13 *227*

고린도후서
1:3-4 *66*
1:5 *220*

1:6-10 *219*
2:7 *85*
3:18 *17*
4:4 *83*
4:8-12 *219*
4:17 *155*
4:17-18 *184*
5:9 *27*
5:17 *26*
6:4-5 *219*
6:9-10 *219*
11:14 *83*
11:23-27 *219*
12:7 *58, 85*
12:20 *31*
12:21 *217*

갈라디아서
5:1 *171*
5:17 *78*
5:19 *217*
5:19-24 *217*
5:20 *31*
5:21 *31*

에베소서
1:18-21 *227*
2:7-8 *217*
3:13 *219*
4:13 *191*
4:14 *38*
4:22-24 *217*
4:31 *31*
5:3 *217*
5:4 *31*
5:8 *222*

5:28-32 *167*
6:12 *43, 83*

빌립보서
1:29 *52, 71*
2:3 *31*
3:5-6 *22*
3:10 *220*
4:7 *172*

골로새서
1:13 *222*
1:24 *127*
1:27 *227*
1:28 *191*
2:6 *141*
2:10 *217*
2:23 *69*
3:5 *31*
3:9 *31*
3:9-10 *217*

데살로니가전서
3:5 *83*
4:3 *135, 217*
4:7 *135*
5:5 *222*
5:17 *148*

데살로니가후서
2:9 *43*

디모데전서
6:9-10 *31*

디모데후서
2:3-6 *148*
4:10 *44, 82*

디도서
2:11 *217*

히브리서
4:15 *70, 219*
5:8 *144*
6:1-2 *218*
10:33 *219*
11:8-10 *12*
11:13-16 *12*
12:1-2 *200*
12:2 *11*
12:3-4 *156*
12:5-11 *80*
12:6-11 *93*
12:7 *219*
12:14 *134*
13:4 *217*
13:5 *31*
13:14 *12*

야고보서
1:2 *219*
1:2-4 *54, 67*
1:4 *229*
1:5-7 *173*
4:3 *39*
4:4 *221*
4:7-8 *86*

베드로전서
1:6 *219, 222*

1:7 *220*
1:8-9 *181*
1:22 *183, 218*
2:19-21 *222*
3:3-4 *228*
3:14 *228*
3:15 *173*
3:17 *222*
4:1 *65*
4:8 *154*
4:12 *219*
4:12-13 *195*
4:12-19 *222*
4:13 *71, 127*
4:16 *228*
5:8 *43, 83*
5:9 *222*
5:9-10 *219*
5:10 *228*

베드로후서
1:3 *132*
1:4 *169, 212*
1:5-6 *228*
1:5-8 *132*
1:16-18 *185, 228*

요한일서
1:5-7 *26*
2:11 *78*
2:12-14 *216*
2:15 *82*
3:2 *191*
3:13 *221*
3:14 *182*
4:11-12 *218*

4:18 *181*
4:19 *182*
5:14 *147*
5:19 *81*

요한계시록
2:10 *86*
7:15-17 *200*
12:9 *43*
19-7 *185*
19:9 *185*

옮긴이 윤종석은 서강대 영어영문학과를 졸업하였으며, 미국 Golden Gate Baptist Theological Seminary에서 교육학(MA)을, Trinity Evangelical Divinity School에서 상담학(MA)을 공부했다. 옮긴 책으로는 「길 위에서 하나님을 만나다」, 「지식 건축법」, 「세계관은 이야기다」, 「관계의 영성」, 「교회, 나의 고민 나의 사랑」, 「천년 동안 백만 마일」, 「하나님이 축복하시는 삶」, 「놀라운 하나님의 은혜」, 「모자람의 위안」, 「거침 없는 은혜」(이상 IVP), 「재즈처럼 하나님은」(복있는사람), 「영성 수업」(두란노) 등이 있다.

영혼의 계절들

초판 발행_ 2013년 8월 10일

지은이_ 브루스 데머레스트
옮긴이_ 윤종석
펴낸이_ 신현기

펴낸곳_ 한국기독학생회출판부
등록번호_ 제313-2001-198호(1978.6.1)
주소_ 04031 서울 마포구 동교로 156-10
대표 전화_ (02)337-2257 팩스_ (02)337-2258
영업 전화_ (02)338-2282 팩스_ 080-915-1515
홈페이지_ http://www.ivp.co.kr 이메일_ivp@ivp.co.kr
ISBN 978-89-328-1302-8

ⓒ 한국기독학생회출판부 2013

책값은 뒤표지에 있습니다.
무단 전재와 복제를 금합니다.